商事仲裁理论前沿与机构发展

杨兆前　主编

河海大学出版社
·南京·

图书在版编目(CIP)数据

商事仲裁理论前沿与机构发展 / 杨兆前主编. -- 南京：河海大学出版社，2022.12
ISBN 978-7-5630-7879-0

Ⅰ.①商… Ⅱ.①杨… Ⅲ.①商务－仲裁法－研究－中国 Ⅳ.①D925.704

中国版本图书馆 CIP 数据核字(2022)第 241823 号

书　　名	商事仲裁理论前沿与机构发展
	SHANGSHI ZHONGCAI LILUN QIANYAN YU JIGOU FAZHAN
书　　号	ISBN 978-7-5630-7879-0
责任编辑	齐　岩
特约编辑	张丹丹
特约校对	董　瑞
封面设计	王煜晶
出版发行	河海大学出版社
地　　址	南京市西康路1号(邮编:210098)
电　　话	(025)83737852(总编室)　(025)83722833(营销部)
经　　销	江苏省新华发行集团有限公司
排　　版	南京布克文化发展有限公司
印　　刷	广东虎彩云印刷有限公司
开　　本	718 毫米×1000 毫米　1/16
印　　张	7.25
字　　数	127 千字
版　　次	2022 年 12 月第 1 版
印　　次	2022 年 12 月第 1 次印刷
定　　价	48.00 元

前言

仲裁属于法治环境中处理纠纷案件的一种方法,就发展角度来讲,仲裁与人类文明的发展历程一样悠久。人类社会的进步需要人在社会中进行社交活动,在社交的过程中会出现冲突,进而引起纠纷。一般情况下,对于纠纷事件,当事人往往会邀请第三方来进行处理。在现阶段的法治环境中,以仲裁形式对问题进行处理的方式较为常见,而商事仲裁属于其中的主要类型。商事仲裁产生的原因已经较难考察,但是主要的发展阶段还是集中在近现代。由于商事仲裁在处理纠纷案件时表现出了杰出的及时性和高效性特征,所以逐渐成为国际上解决纠纷案件的常用仲裁类型。

随着国际经济的发展和进步,各个国家之间的经济活动交往增多,仲裁逐渐成为解决国家之间纠纷的主要方式,也受到国际成员的欢迎。特别是在现阶段国际商事仲裁体系逐渐发展完善的背景下,各国之间关于法律适用的内容方面基本上达成一致,但是理论上仍旧存在较大的争议,比如说仲裁实施过程的具体方案不能确定,对于不同的国家所实施的仲裁决定存在区别对待等等。所以对商事仲裁实施方案以及发展方向进行研究具有重要的理论和实践意义,而制定一套与本国法治环境相符的商事仲裁方案是国家研究商事仲裁理论的最终目标。近些年部分国家在这一研究方向上取得了较好的研究成果,也为我国的仲裁立法提供了借鉴经验。

我国商品经济的发展让经济改革不断深入,仲裁作为国际上通用的解决纠纷的法律方式，以其高效、快捷的特征广泛应用于各个领域，尤其是民商活动。商事仲裁在民商诉讼领域广泛应用，主要是因为商事仲裁能够最大限度地维护当事人主体的利益和意愿。另外，我国的仲裁诉讼案件中，不同级别的法院和行政机构会行使统一的仲裁审查标准，并优先在诉讼案件中行使仲裁解决方案。仲裁机构顺应互联网的发展节奏，在网上开通仲裁业务，进行线上与线下同时仲裁活动，这让人民法院的监管工作面临巨大压力。所以法院应当不断健全和完善网络仲裁制度和内容，形成系统性的仲裁体系，保证线上线下同效率的处理效果。在国际仲裁环境中，我国作为发展中国家，正在不断扩大仲裁入场范围，尽可能地覆盖到整个区域。随着我国在国际发展中地位越来越高，各种商事活动也在不断地增加，商事仲裁成为优化我国内部发展环境、实现国际化的重要方式，在未来的发展与使用极为可观。

鉴于此，笔者撰写了《商事仲裁理论前沿与机构发展》一书。本书共六章。第一章阐述了商事仲裁基础理论，第二章论述了《纽约公约》及其法律适用，第三章探究了商事仲裁中的仲裁地，第四章阐述了国际商事仲裁中仲裁机构的法律功能，第五章对我国商事仲裁机构改革进行了探索，第六章对构建我国案例指导制度进行了探索。

笔者在撰写本书的过程中，借鉴了许多专家和学者的研究成果，在此表示衷心感谢。本书研究的课题涉及的内容十分宽泛，尽管笔者在写作过程中力求完美，但仍难免存在疏漏，恳请各位专家批评指正。

目录

第一章　商事仲裁基础理论探究 ······ 001
  第一节　商事仲裁概述 ······ 001
  第二节　商事仲裁中仲裁员责任制度 ······ 010

第二章　《纽约公约》及其法律适用 ······ 019
  第一节　《纽约公约》的诞生与历史贡献 ······ 019
  第二节　解释和适用《纽约公约》的国际标准 ······ 025
  第三节　《纽约公约》与仲裁协议的法律适用 ······ 029

第三章　商事仲裁中的仲裁地 ······ 034
  第一节　仲裁地的概念 ······ 034
  第二节　仲裁地法律的适用与确定 ······ 036
  第三节　仲裁地法院的监督 ······ 039

第四章　国际商事仲裁中仲裁机构的法律功能 ······ 044
  第一节　仲裁机构的国籍与仲裁裁决国籍的界定 ······ 044
  第二节　仲裁机构与仲裁管辖权的确定 ······ 047

第三节　完善仲裁机构在我国国际商事仲裁法律功能的建议 …… 050

第五章　我国商事仲裁机构改革探索 ……………………………… 053
　　第一节　我国商事仲裁机构仲裁员选聘制度 ………………… 053
　　第二节　我国内地引入境外商事仲裁机构的必要性研究 ……… 062
　　第三节　我国仲裁机构改革思路新探 ………………………… 071

第六章　构建我国案例指导制度的探索 ……………………………… 078
　　第一节　我国案例指导制度的发展与完善 …………………… 078
　　第二节　刑事案例指导制度 …………………………………… 086
　　第三节　我国检察案例指导制度标准化建设 ………………… 093

结束语 ……………………………………………………………………… 105

参考文献 ………………………………………………………………… 107

第一章
商事仲裁基础理论探究

第一节　商事仲裁概述

一、商事仲裁的概念与特征

（一）商事仲裁的概念

仲裁是一种处理争议的方式，将当事人双方之间的争议邀请第三方介入进行调解。如果对仲裁类型进行分类，关于国家政治方面纠纷的处理归类为国际仲裁，而关于行政纠纷的处理可以归类为劳动争议仲裁，其次是民商事仲裁。

商事仲裁是受理和审理国际商事仲裁案件，开展国际商事仲裁合作与交流，开展国际商事仲裁理论与实务研究，为中外当事人提供独立、公平、高效的仲裁服务。商事仲裁因为在解决纠纷中具有快捷性、实用性、专业性和高效性，已成为国际通行的经济纠纷解决方式。

（二）商事仲裁的特征

（1）商事仲裁的进行依赖当事人主体的意愿，主要是以协议内容来牵引着商事仲裁的进行，法院不能直接对商事仲裁过程进行控制。当事人在商事仲裁过程中可以以自己的意愿来选择商事仲裁机构、标准以及仲裁员，实体法的选择也充分维护当事人的自由权。该方式表现了市场经济的属性,即自主性。

(2) 仲裁员的专业性强,熟练掌握市场经济、海事以及法律制度等内容,除了国际法的基本规定之外,还可以根据国际特殊案例或者公平性原则来对纠纷案件进行判决。整个过程具有一定的灵活性,且操作较为简单。

(3) 商事仲裁流程简便,操作性强,一般裁决结果都是一次直接决定的。与法院的诉讼比较,成本低,减少了人力、物力的消耗;而站在价值角度分析,仲裁能够很好地控制纠纷处理成本。

(4) 商事仲裁审理过程一般只包括当事人主体、仲裁员,该过程不进行公开,仲裁环境安静,氛围良好。当事人主体可以面对面地进行沟通,进而以最佳状态解决纠纷;另外一方面,审理过程不公开进行也很好地保护了当事人主体的隐私,避免对双方的企业经济造成影响,保护商业机密,维持业界影响力。如果最终通过协商解决了纠纷问题,既能减少当事人主体的经济损失,也能够实现双方的合作往来。

(5) 商事仲裁最终的审理结果通常容易被当事人接纳,从而让他们自主地履行该结果。如果其中一方当事人不能主动地履行,法院就会对其进行强制行动,而法院只能对审理过程中出现的程序性问题进行介入,不能对实体问题进行处理。尤其是国际商事仲裁裁决,法院的判决结果需要经过其他参与国家的同意后才能颁布。联合国在1958年颁布《承认及执行外国仲裁裁决公约》,让合约国的仲裁裁决执行受到法律的保护;但是如果法院最终的判决结果涉及其他国家的领土主权问题,就会被要求重新审理。其他的国家在重新提起诉讼时,法院最初的判决只能作为参考结果,而不是作为具有强制性的法律文件。

(6) 法院诉讼制度多样化,不同的国家之间内容存在较大的区别。比如说法律体系不同,英国、美国以及法国之间使用的法律内容会因为国家性质的不同产生变化,所以诉讼制度也会随之变化;而商事仲裁的容忍性较大,能够较好地应用于公司、商业领域,可操作性强。所以在国际环境的商事活动中,商人们更倾向于选择商事仲裁来解决商事纠纷。

(7) 随着社会关系的不断细化,社会任务分工也越来越明确,传统的争议解决方案已经不能妥善地解决当前的社会问题,法官的独立裁决也不能满足现阶段的社会需求。法官的专业性仅仅停留在司法领域,不能很好地了解经济环境现状。但是法官在面对专业性领域时,又要保证绝对的公平公正。基于此,仲裁制度开始在社会范围内广泛应用,商事领域中的主体可以推荐优秀的专业型人才来担任法官这一角色,从而妥善地解决商事纠纷问题。

(8)在商事仲裁的执行过程中,仲裁员要站在客观的角度对纠纷商业事件进行处理,仲裁制度允许不同意见,持有不同意见的仲裁员可以不在仲裁书中签署自己的名字。在诉讼过程中,法院的法官不能进行独立的结果审判,主要以审判委员会集体进行讨论,最终给出结果。如果在这一过程中有法官持有不同的意见,仍旧需要在处决书上签署自己的名字。

(9)法院属于国家司法机关,由国家提供财政支持。商事仲裁可以在社会环境中寻求方法解决问题,有效地降低了司法成本的耗费,是最佳解决方案。民商事纠纷可以越来越广泛地在社会环境中寻求解决渠道,提升了社会运行效率。商事仲裁的有效发展进一步实现了社会发展,也降低了司法成本的耗费,减轻了纳税人的资金压力。

二、商事仲裁案件管辖和纠纷处理地点的确定

仲裁与诉讼的区别还在于覆盖范围和处理位置的差异。诉讼管辖属于一种法制性的管理,又称为法定管辖,含义就是当事人主体只有一方向法院提起诉讼时,法院对该诉讼进行审核通过后,另外一方主体就应当接受法院传唤。换句话来说,在诉讼过程中,一方当事人起诉和法院管辖并不需要经过另一方主体的知晓和同意,可以直接以案件的形式进行处理。因此站在当事人主体的角度来说,在诉讼方式中不能对法院管辖以及诉讼地点的确定具备可预见性。尤其是发生国际贸易纠纷时,如果当事人一方向法院提起诉讼,那么另一方就无法预知自己即将被哪一个国家起诉。仲裁则与之相反,仲裁管辖以及地点确定都需要经过当事人双方的同意之后才能确定。

当事人双方如果主动要求以仲裁方式来处理纠纷,那么就应当提前或者事后来确定仲裁地点以及仲裁管辖。这种方式又被称为仲裁协商,以仲裁协议或者条款约束仲裁内容和范围。另外,当事人双方能够对仲裁管辖以及仲裁地点形成可预见性。如果双方签订仲裁协议或者条款,那么就能以协商的方式来对仲裁地点进行变化和调整,双方可以以游戏的方式来进行交换和推置。这种方式一般是以当事人双方的商业价值高低和供需关系来决定最终结果。仲裁条款或者协议一旦签署成功,就确定了仲裁管辖以及仲裁地点。根据国际法和本国法的归纳,仲裁协议的作用如下:法院管辖在仲裁管辖中无效。当事人如果确定以仲裁的方式来解决纠纷,如果在过程中有一方向法

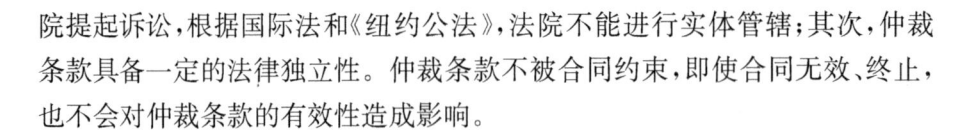

院提起诉讼,根据国际法和《纽约公法》,法院不能进行实体管辖;其次,仲裁条款具备一定的法律独立性。仲裁条款不被合同约束,即使合同无效、终止,也不会对仲裁条款的有效性造成影响。

三、商事仲裁适用的纠纷范围

诉讼的应用范围覆盖所有的民商事纠纷事件,但是仲裁主要针对商事纠纷事件。我国的《中华人民共和国仲裁法》(以下简称《仲裁法》)中规定,享有平等权的公民和个体、法人、组织之间产生的纠纷或者财产争议都能通过仲裁进行解决。另外,还规定收养、监护、婚姻等纠纷不能以仲裁的方式来解决。仲裁的适用范围是合同纠纷以及财产争议。合同纠纷又被归类为财产权益纠纷,那么其他财产权益纠纷是指不包括合同纠纷在内的民事纠纷案件,包括物质、债券、资产纠纷。另外,需要强调的是,合同纠纷部分可以通过仲裁进行处理,但是侵权纠纷事件不能以仲裁的方式解决。

四、商事仲裁代理

在聘请代理人员时,诉讼和仲裁之间也存在区别。代理诉讼案件时,各国的法律可以分为两种制度,一种是非强制性法律代理制度,当事人主体在进行诉讼时可以邀请专业的律师或者不是律师的人员来进行法律诉讼。但是在对涉外诉讼案件的规定中,如果不是中国国籍的外国人在我国进行诉讼程序时,邀请不是律师的人员或者专业的律师人员来进行法律诉讼代理都被允许。但是在聘请专业的律师代理时,只能聘请中国的律师。另外一种是律师强制代理制度,当事人主体在进行诉讼时只能邀请专业的律师作为代理,不能让非专业的人员来作为代理主体。这也说明非中国国籍的人员在中国进行诉讼活动时,如果邀请不是本国的专业律师作为代理人,那么在诉讼过程中只能以非专业人员的身份进行代理。

无论是我国仲裁还是国外仲裁,国家之间的立法制度以及仲裁规定都没有对代理人的身份以及人数进行限制。仲裁过程中,当事人可以邀请专业律师或非律师人员进行代理,可以聘请一个代理人或者多个代理人。仲裁制度没有对代理人的国籍进行限制,当事人可以邀请不是本国国籍的人员进行代理,本国代理人和非本国代理人都可以出现在法庭现场。关于代理人的制度规定,从侧面体现了仲裁制度的可容纳性,也让当事人的仲裁程序进行得更快捷。比如说我国的当事人主体在美国或者英国进行仲裁时,可以邀请中方

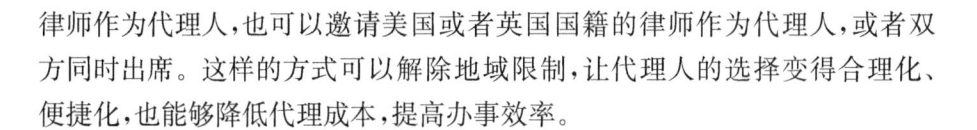

律师作为代理人,也可以邀请美国或者英国国籍的律师作为代理人,或者双方同时出席。这样的方式可以解除地域限制,让代理人的选择变得合理化、便捷化,也能够降低代理成本,提高办事效率。

五、商事仲裁文书的送达和通知

在文书送达和通知方面,诉讼和仲裁也存在一定的差异。就诉讼来说,文书诉讼属于一种强制性的司法行为。在进行司法文书的送达时,应当严格按照诉讼程序执行。文书类型包括开庭通知书、缴费通知书以及上诉通知书等。这些文书能够在诉讼过程中维护当事人主体的权益。如果司法文书的送达出现问题或者出现违反法律规定的行为,案件会被中途撤销或者不予执行最终结果。尤其是在涉外诉讼案件中,文书的送达需要跨国,比如说从中国境内移交到境外,需要司法部门辅助进行。跨国文书送达又被称为域外送达、境外送达,一般借助外交程序或者司法部门辅助完成。结合近几年我国的司法实践经验来分析,法院在对涉外纠纷进行处理时,在送达过程中都会耗费大量的成本,当事人如果利用送达程序来扰乱诉讼过程,那么诉讼周期就会被延长一年甚至两年,不利于纠纷事件的处理。所以一般情况下,除了极少数国家之间存在司法辅助条约,由法院直接向其进行邮寄,否则不以邮寄的方式来送达文书。

仲裁与诉讼与之相比,在文书送达方面较为领先。送达属于司法诉讼环境中的专业术语,是指法院向当事人主体移交诉讼文件。但是在仲裁程序中,不只有仲裁机构向当事人移交仲裁文件,当事人也会向仲裁机构移交文件,所以送达并不能覆盖仲裁程序中的送达过程。在仲裁程序中文书传递和通知避免使用送达一词,而是用通知。所以诉讼程序中的文书送达和仲裁程序中的文书通知存在差异。仲裁文件的通知具有不正式性,在传送过程中可以通过邮寄、邮件或者电话的形式,从而实现点对点通知,节省了传递的时间和资金成本,可操作性强,能够有效快捷地处理好纠纷事件。但是需要强调的是,诉讼文书和仲裁文书在送达和通知方面都存在差异,但是部分非专业性的律师并不知晓,只是参照诉讼程序中送达文书的规定来进行仲裁文书的通知,进而出现失误。比如说我国的涉外仲裁案例中,如果当事人是中国国籍,国内的专业律师往往是将仲裁文书以诉讼文书的传递形式进行传送,最终导致仲裁文书无法生效,影响了仲裁周期或者结果审判。

六、商事仲裁的审理方式

审理诉讼案件一般要公开审理,但是不公开的诉讼案件也存在,比如说民商事纠纷案件,涉及商业机密、国家机密以及个人隐私的诉讼需要不公开审理,其他的须按照规定开庭公开审理。诉讼案件的公开审理不需要经过当事人主体的同意和知晓,严格按照法律规定公开执行。仲裁与诉讼相反,一般在审理现场只有当事人主体和仲裁员,如果需要公开审理的,要经过当事人主体双方的一致同意,不然一律秘密审理,除了仲裁员以及当事人主体之外,不允许其他人员参与审理过程。仲裁的审理原则能够充分维护当事人双方的隐私,保证商业信誉和机密不遭到泄露。

七、商事仲裁的法律适用

在法律适用方面,仲裁和诉讼也存在一定的区别。本书首先就我国的案例角度来讲我国的民商事纠纷诉讼与仲裁在法律适用方面的差异;随后再将涉外的民商事纠纷案件处理方式进行对比分析。

(一)国内民事诉讼与商事仲裁的法律适用

1. 程序事项的法律适用对比

诉讼程序内容中,诉讼程序所规定的管辖、送达以及证据都应当遵从本国的民事诉讼法相关规定,强调严格性原则。而仲裁制度对于法律适用的规定,比如说仲裁管辖、文书送达以及纠纷处理时间等都应当遵守仲裁法以及仲裁协议的规定进行。不管是仲裁还是诉讼都应当遵守严格性原则。

2. 实体事项的法律适用对比

对于实体事项的规定,诉讼以本国的民商事实体法为准则,其中包括民法、担保法等,都应当严格按照法律文件来执行,落实严格性原则。另一方面,国际上各个国家之间还对民事诉讼法进行详细的规定,实体法的适用错误范围扩大到二审改判一审或者重审过程中,可作为法律事由来进行处理。

而仲裁的实体事项法律适用与诉讼相比,存在较大的差异性。仲裁员或者仲裁机构在对纠纷案件进行审理时,尤其是在对实体事项进行处理时,不仅适用于民商事实体法,还可以适用行业准则,或者在当事人双方意愿一致的情况下遵循公平性原则来对实体事项进行客观的处理。

仲裁在实体法使用过程中具备一定的灵活性,能够满足商业纠纷的需求,也是仲裁一大优势。在立法过程中通常会出现落后于时代发展或者专业性不强的现象,如果在对商业经济纠纷事件处理时过于原则化,就会让过多专业化的商业纠纷案件在处理过程中没有法律原则的支撑,进而无法实现公平公正原则。

关于仲裁立法原理,原则上要求仲裁员不能仅仅按照民商事实体法来进行案件审理,而要根据案件的实际情况,选择适用的法律文件或者依据行业准则来对案件进行审理,从而保证行业之间的公平竞争,解决纠纷。

另外一方面,仲裁在实体法适用过程中表现的灵活性不只体现在满足商业纠纷的需求,还体现在国际上关于仲裁裁决执行的法定事由中。由于国际上对仲裁裁决的法定事由进行结果执行时,并没有依据实体法。换句话来说,法院在进行仲裁裁决处理时,不能对仲裁执行过程中的法律适用合理性进行审查,实际上体现了仲裁实体法法律适用的独立性和灵活性。

(二)涉外民事诉讼与涉外商事仲裁的法律适用

1. 涉外民事诉讼的法律适用

若到法院诉讼化解相关民商纠纷,须考虑相关程序,例如,法院具有的管辖权、判决承认执行、诉讼文书传送以及域外取证的国家有哪些等。以上事项须与实施法院所在国家的相关诉讼法相符,而这种共识也成了国际私法立法的标准之一。

从实体事项来看,涉外民商诉讼相关案例,不仅能使用相关国家法律中的涉外实体制度,还可依据国际私法规定而行,大部分涉外案例的实体事项均可以法院地国家的冲突规则为基础,选择适合法律作为准据法使用。

2. 涉外商事仲裁的法律适用

涉外诉讼案件一般只能应用实体与程序法,但涉外仲裁则关联到三类法律的使用情况[①]。

(1)涉外仲裁首先会仲裁协议的法律适用

仲裁管辖主要按照两方的仲裁协议规定而行。当一方当事人参照该协议要求仲裁的时候,被申请人通常会抗辩称该协议无效,妄图逃避其管辖。法院与仲裁庭在对这类案件进行处理时,一般而言,如若被告人以协议事实

---

① 黄亚英.论国际商事仲裁中实质事项的法律适用及其新发展[J].政治与法律,1999(3):39-41.

为依据,对其发起诉讼,并提出相应异议时,则审理部门需要对当前的协议有效性问题进行确定。因不同国家在规定仲裁协议的内容与模式等存在一定差异,因此须对涉外仲裁协议进行效用进行研判,首先将与该仲裁协议有关的法律文件找出,确定其适用性。

(2)涉外仲裁还涉及程序事项的法律适用

从上述内容来看,涉外诉讼案件的程序仅可以使用当地法院地法,当事人就算能够选择管辖法院,但该法院也仅可以使用自己国家的诉讼程序法,例如,所在国家涉外诉讼程序的相关缔结规定等。即其他国家的法律不能够用于当前的涉外诉讼程序中,当事人没有权利将其他国家的法律在当地法院使用。而涉外仲裁与其不同,它允许当事人对自己的仲裁地进行抉择,并且全球各个国家也同样认同当事人选择对应的仲裁程序法。这里把仲裁和诉讼进行差异化对待的根源是,无法把本国法官和国际仲裁员之间的工作用地做同等对待。从国际仲裁庭而言,根本没有与哪一个国家法院相同的统一法院地,所以不能强迫要求仲裁庭严格遵循法院地法。本质上法院和仲裁员存在一定差别,法官须严格遵循其本国的法律制度,原因是所在国家赋予了他行使司法的权力,他是一名公职人员,须承担相应职责,也有忠诚于国家相关程序法的义务;仲裁员仅是在依照当事人提出的诉求为基础上,只对单一案件进行审理的特定人员,他须依据当事人的要求来审理,不用承担忠于当地法律的一般义务。当事人具有的特定程序法的权利也获得了国际条款的高度认同。将自主选择权给予当事人,较之诉讼而言,他能够全面展现出仲裁在程序方面的灵活度。

对于涉外仲裁以及诉讼之间的所产生的关键区别在于:

第一,仲裁庭在适用实体法上,须依据当事人的要求来展开。对于国际性仲裁立法来说,当事人意思自治也成了国际上公认的原则之一。诉讼准据法的得出一般是由法院地国家的相关规定为基础确定的,关于当事人在非涉外分歧上所遇到的自主选择权问题,法律上并未将其完全交由当事人自己做主,一般情况下仅是从合同纠纷等层面授予当事人选择的权限。

第二,在涉外仲裁中,如果当事人并未使用准据法,那么仲裁庭在选择与应用实体法上拥有的自主权范围较为宽裕。在认可当事人应用准据法的一些涉外案件中,若当事人未使用准据法时,法官依旧会依据法院地国的相关规定对准据法进行明确与应用。

第三,实体裁判会全面遵循当地国家的法律原则使用准据法,而仲裁的实体裁决依据不但包含有立法属性的准据法,而且大部分国家也已经把这一适用范围逐步延伸到贸易惯例与规则之中。

八、商事仲裁裁决的效力及其国际执行机制

由于仲裁制度的不断拓展,仲裁裁决的实施既和当地法院民商判决的法律效力相同,又构建了比以上判决更加合理、广泛的全球实施机制。

法院诉讼旨在合理执行判决结果,但在海外交易以及处理跨国交易中,大多数的判决还需要邀请实际财产所在地的法院与之一同进行判决处理。例如,美国本地一家银行在纽约起诉一个国外的借款人,取得胜诉之后,需要到借款人实际财产所在地申请执行胜诉的判决。因为认可与实施国外法院判决的相关条约体系有显著的局限,所以在使用判决结果时,超过判决地以外的胜诉判决结果无法在其他国家使用。

从仲裁判决执行上来看,国际上存在一个在国际范围内适用的多边条约体系。例如,《纽约公约》就属于多边条约。该条约认同缔约国执行仲裁判决与相关协议,同时充分限制了禁止执行判决的原因。公约旨在保障按照合理的仲裁协议制定的裁决可以在缔约国范围内被顺利执行。该条约可在多个领域使用,其既可用于由于契约问题进行的裁决申请执行,又能对一些非契约性争议起到解决作用,解决各种纠纷侵权事件。例如知识产权的侵犯事件、船舶碰撞等。能够被执行与使用的各种裁决一般分为两种:一种是在缔约国内出现的裁决,另一种则是在非缔约国中出现的裁决,但两种裁决所具备的认可是一样的。对于经营者而言,在遇到商事纠纷时,可依照《纽约公约》中的相关规定,对涉事当事人进行仲裁,若当事方拒不接受当前仲裁,则属于该公约成员国的所有国家都可对其作出强制仲裁。这项国际公约,是当前在进行外国仲裁决策中获得认可度最高、使用最为全面、适用性最强的公约[①]。该公约的出现,对于促进外国仲裁裁决制度的法律建立有着标志性作用,使得国际上的其他国家在遇到诸如此类的纠纷问题时,能够有相应的法律机制为其提供帮助。

---

① 黄亚英.解释和适用《纽约公约》的国际标准[J].法学杂志,2010,31(10):6-11.

第二节　商事仲裁中仲裁员责任制度

仲裁人员的职业技能与专业理论水平对仲裁判决的公正程度、当事人纠纷合理化解的幅度具有显著影响。我国颁布的《仲裁法》在仲裁人员的招聘与引进机制方面十分严格，但倘若只对准入机制进行严格限定，却忽视了仲裁人员的实践与执业，没有对其进行规范与限制，那么就会对仲裁在民众心中的公信力与纠纷化解机制的合理性造成一定冲击。要确保仲裁行为的良性发展，需要从其选聘制度、行业内的行为规范、责任制度的建立、回避制度的制定等方面进行体系化的明确。本章节内容大致基于探究仲裁人员职责制度相关理论，可对仲裁的属性进行合理界定，合理应对仲裁人员与当事人的特定关系，认知仲裁人员办理相关案件过程中须践行的职责与担负的义务，务必确保案件审判的公正性与独立性。目的是对仲裁人员的职责范围、责任的种类和正当性进行明确。

一、关于仲裁的性质

从仲裁的属性来看，学界的观点大致包括：司法权理论、自治理论和契约理论等。

（一）契约理论

契约理论认同的仲裁的特征只有契约性，当事人各方基于自愿与平等，对仲裁相关协议进行签署，然后仲裁才被执行；反之则不可使用仲裁这一模式。认同这一理论的研究者认为，仲裁程序的起点主要从双方签署的协议而来，在此基础上，仲裁人员才被赋予审判这一纠纷的权限。仲裁程序在执行的过程中，当事人仍旧可对仲裁人员的构成以及规则等进行选取，全流程均反映了当事人的自治。这一观点还得到了荷兰等国家的认可。

（二）司法权理论

从司法权相关理论来看，其对当事人意思是仲裁起点这一观点持认可态度，但法律法规条款明确规定了仲裁判决对当事人的相关限制、仲裁协议的具体效用以及裁决的执行等层面①。

此外,对案件进行审判时,仲裁人员主要按照当事人的意思进行审理,借助质证对案件进行公正审判,获得的裁决对当事人有一定约束力,其具体践行的责任与法官大致相同,两者均可对基于法律的裁判权进行践行。对该观点持认可态度的国家包括德国和意大利等。

(三) 混合理论

桑塞霍尔率先确立了这一理论,指出仲裁不能脱离法律而存在,仲裁裁决具有的约束力与协议的效用必须依托特定法律发挥作用;即仲裁属于综合的特定法律制度,其从当事人仲裁协议中而来,可发挥司法权的相关效力。这一理论认可仲裁的特征为司法性、契约性。第一,仲裁的开始是在当事人协调签署的仲裁协议基础上而展开;第二,该协议的效力与案件审办的整个流程以及裁决的约束力均是依托相关法律制度而存在的,其根源为国家司法权。桑塞霍尔提出的这一理论强调,司法性与契约性为混合态势,许多研究者都同意该观点。

(四) 自治理论

吕贝林德维希率先确立了自治理论,这一理论主张当事人拥有完全的自治,强调仲裁协议的效力与裁决的执行力,是经营者为了成功展开交易活动的具体要求。这一理论认可当事人的自治,尽管其不认同契约论,但当事人绝对完全自治的产物就是契约。因此这两者具有显著的一致性。

二、仲裁员责任制度的设立价值

(一) 权利和义务的一致性

选择合适的仲裁员参与审理案件,其劳动报酬则由当事人支付。仲裁员的义务是为当事人化解分歧并展开公正、合理的裁决,基于法律制度有效裁决当事人的纠纷。仲裁员在践行自身职责时若有不合规行为或者违法行为,须承担一定的法律责任。这不仅展现了仲裁员责任制度的具体价值,还是权利与义务一致性的客观需要。首先,仲裁员和当事人两者为契约关系;其次,

---

① 尹通. 论仲裁庭的权力[D]. 上海:上海大学,2016.

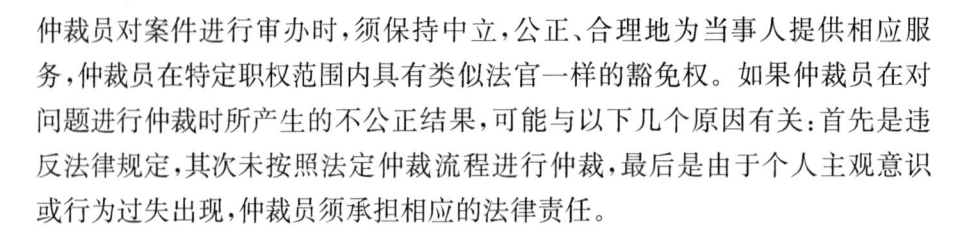

仲裁员对案件进行审办时,须保持中立、公正、合理地为当事人提供相应服务,仲裁员在特定职权范围内具有类似法官一样的豁免权。如果仲裁员在对问题进行仲裁时所产生的不公正结果,可能与以下几个原因有关:首先是违反法律规定,其次未按照法定仲裁流程进行仲裁,最后是由于个人主观意识或行为过失出现,仲裁员须承担相应的法律责任。

(二)监督和制约仲裁权的客观要求

仲裁员对案件的审理进展与裁决有一定的权限,同时其最终给出的裁决结果有严格的约束力;仲裁员具有相应的权力,若没有监督机制的制约,那么可能会出现徇私枉法、腐败等问题。上文介绍了仲裁员在相关活动中可基于当事人的认可,不以法律制度为依据,而是按照习惯与善意等原则展开仲裁活动。在这种仲裁审理中,仲裁员的自由裁量权比较大,如果仲裁员毫无根据地滥用职权,那么势必会损害当事人的正当权益;同时仲裁在民众心中的公信力与裁决结果的公正、合法性也会被质疑。尽管我国颁布的《仲裁法》对不执行裁决与回避以及请求撤销等制度进行了界定,但以上法律的设定通常是面向仲裁裁决与相关程序,并未以仲裁员为主,也没有涉及仲裁员的直接利益,因此在仲裁员独立审判相关案件的监督方面存在显著的局限。制定仲裁员责任制度机制,可对仲裁员的职权进行充分监管与限制,不断完善当前仲裁监督制度,让仲裁员能够公正、合法、独立地审理案件,增强仲裁的公信力,推动国内仲裁行业稳健、有序发展。

三、商事仲裁中仲裁员责任的类型

法律责任的类型包括行政责任、民事责任以及刑事责任等。业界在仲裁员具有相应的民事责任一事上不存在任何争议,但在民事责任的界定范围方面存在一定分歧,而在仲裁员需不需要承担刑事责任方面则始终争论不休。行政责任指虽然违反了行政管理的相关制度与法律,但没有构成犯罪,那么其还需承担相应的法律责任。责任类型包括行政处罚与行政处分这两种。其中,前者指的是依据法律规定能够执行行政处罚权的机构组织,对违法行政制度与法律规定、但没有构成犯罪的法人等主体执行的制裁;后者指的是公职人员和国家职能部门派遣到相关企业进行工作的公职人员违反行政管理制度后,展开的特定制裁。我国至今在实践与立法层面还没有统一界定仲裁机构的性质。现阶段还未明确仲裁员的具体行政责任。本书认为,在商事

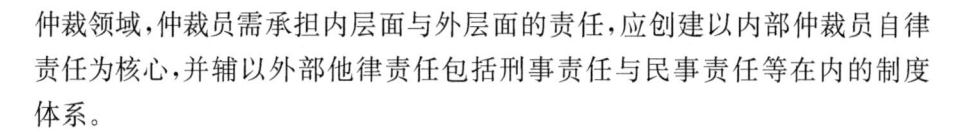

仲裁领域,仲裁员需承担内层面与外层面的责任,应创建以内部仲裁员自律责任为核心,并辅以外部他律责任包括刑事责任与民事责任等在内的制度体系。

（一）仲裁员民事责任

仲裁员主要有道德义务、约定义务以及法律义务。仲裁员承担的民事责任指的是其私自违反和当事人签订的相关协议需承担的责任。在选择仲裁员时,必须签订仲裁员声明书;该声明书规定仲裁员私自违反或者退出合约,没有依据相应规定对案件进行审理,但没有构成刑事犯罪的,需承担民事责任。

（二）仲裁员的刑事责任

我国颁布实施的《刑法修正案(六)》中有关枉法仲裁罪的规定,被业界热议,存在一些争议。其被《中华人民共和国监察法》引用之后更是推波助澜;本章节与国际有关仲裁员刑事责任的相关界定相融合,对国内外仲裁员承担刑事责任的条件与具体范围进行梳理,然后从国内该层面的实践操作和相关法律出发进行分析,从而提出自己的一些看法。

（三）仲裁员的行业自律责任

仲裁员在审理相关案件时,违反与当事人签订的协议条款中对仲裁员的自律约束性相关规定和行业制度等,需要承担的责任就是仲裁员的行业自律责任。我国颁布实施的《仲裁法》中对除名的相关规定,以及国务院所发布的《关于进一步加强仲裁员、仲裁工作人员管理的通知》涉及禁入制度的规定,都是一种处罚形式。仲裁员由于违法行为不仅会被仲裁机构以除名的方式惩罚,甚至会剥夺其仲裁员的资格。尽管以上文件是国家行政机关颁布执行的,但进行除名惩罚的主体则是仲裁机构,国务院只起到暂替的作用,因此除名就是行业自律责任。

本书根据仲裁规则中界定仲裁员行为的内容,结果显示,《仲裁员管理办法》和《仲裁员规范》等对仲裁员行为进行了规范。这些规范不是仲裁规则的构成之一,应是仲裁员的道德准则;主要有禁止性行为、主要准确和惩罚模式以及一般义务等。

四、完善我国商事仲裁中仲裁员责任制度建议

建立健全仲裁员责任体系,对仲裁员承担的责任和责任范围以及承担责任的条件等进行明确,不但可对仲裁员的行为进行监督与限制,还能合理维护仲裁权;防止当事人恶意控告仲裁员,对仲裁相关程序造成负面影响。业界在仲裁员刑事责任与行业自律责任等方面存在一定争议。一些研究者认为需将行业自律责任作为主体,辅以刑事责任与民事责任;对此意见持相同观点的研究者指出,惩戒仲裁员不是目的,而是对其行为进行规范,主要目标是提升其整体素质。一部分学者的观点则与此相反,认为应当将行业自律责任作为辅助来展开。本书则为仲裁员设计了以上责任相融合的制度体系,也就是以行业自律责任为主,并辅以刑事责任与民事责任的法律体系。

(一)仲裁员行业自律责任制度的完善

1. 加快创建仲裁协会组织

创建仲裁行业协会,并健全其内部监督机制,可有效缓解司法的干预现象。学者们在仲裁协会是否要制定明确、统一的规则方面存在一定争议。一些学者指出,仲裁协会可依据《仲裁法》等制度的规定对仲裁规则进行明确,旨在为仲裁机构确立合适的规则带来参照,对各仲裁机构制定统一、有效的规则,发挥自身优势,提供有力支撑[①]。

但大部分研究者指出,由于仲裁机构有确立与自身特质相符的规则的权利,为了确保各仲裁机构的优势、吸取当事人的意见,因此仲裁协会不需要对仲裁规则进行统一。笔者比较倾向于后面的观点,但仲裁协会需确立有效的协会规则,对内部相关事项进行界定,让协会能够科学地进行自我管控;此外该协会还要提出统一的仲裁员行为规范,统一管控、制约仲裁员的行为。

仲裁协会的职责包括监督职能。《仲裁法》中的相应条款对协会的监督范围进行了规定。一些学者指出,协会监督仲裁机构与仲裁员的范围仅为程序性事务;比如监督仲裁结构多数为社会投诉等层面;监督仲裁员则大多反映在观察其行为是否违反了《仲裁员的行为规范》上,此外还需及时对仲裁员

---

① 史飚.商事仲裁监督与制约机制研究[M].北京:知识产权出版社,2011.

进行考核、培训等[①]。

本书倾向于该观点,仲裁协会对仲裁员的行为进行统一规范,并及时培训、检测仲裁员,以期为全面提升其专业水平与职业素质带来高水平的服务;同时处理民众对仲裁员与相关机构的投诉问题,为社会监督这两者拓展途径,增强仲裁公信力。

2. 完善我国仲裁员披露义务的规定

仲裁员有效践行披露义务是确保其进行独立操作的重点。仲裁员的披露义务是当前世界商事仲裁领域普遍应用的形式,我国大部分仲裁机构也存在相应规定,但立法没有确立这一事项。根据国内的实践操作和国际形势的发展现状,立法需对仲裁员披露法规进行界定,本书在此方面的观点主要为:

第一,从当事人的角度来看,明确仲裁员披露义务属于非强制性范畴。仲裁员在践行自身职责时需保持中立态度,确保公平公正,对仲裁员披露义务进行强制执行,是国际社会的共识。可吸取其他国家的先进经验,将仲裁员披露义务的相关条款纳入国内《仲裁法》,并规定当事人有通过协议方式排除仲裁员披露义务的权力,最后若仲裁员存在违反公正等不良行为,那么当事人不能将此作为原因进行起诉。

第二,对仲裁员披露义务的标准进行明确。若认定标准太过主观,那么可能会出现当事人随意让仲裁员践行披露义务的现象;假如当前所披露的事件内容与本次案件并无一点关系,则很可能会对仲裁员的个人隐私造成一定的侵犯,甚至会对当前案件的正常推进以及仲裁结果产生影响。本书以为,当事人需以合理的质疑缘由为依据,让仲裁员践行披露义务,同时这一缘由应当是明晰且详细的。

第三,仲裁员践行披露义务的模式与具体时间。世界上普遍应用的方式是仲裁员需持续践行自身的披露义务。但凡有影响仲裁员公正与独立的缘由,就需仲裁员践行披露义务。我国在具体操作过程中,在确定仲裁员时必须签订相关声明书,内容主要为:仲裁员需认真、勤奋践行自身职责,主动披露对其公正与独立工作有影响的事项等,这对提升仲裁员约束力具有积极意义,确保其公平审理案件;并且在仲裁员作出不良行为时,有利于当事人收集相关证据。本书认为《仲裁法》可添加以上方式。此外具体、全面规定仲裁员

[①] 史飚.商事仲裁监督与制约机制研究[M].北京:知识产权出版社,2011.

的披露义务,可吸取《关于国际仲裁利益冲突的指南》中有关橙色清单等的做法①,有助于合理、有效确定仲裁员的披露条件,增强其可行性与实用性。

(二)仲裁员民事责任制度的完善

1. 民事责任承担的类型

(1)违约责任:仲裁员担负该责任的基础是其没有合理践行合同中应当履行的义务。在前面的介绍中,本书认同的仲裁员担负的义务包括来源于当事人协议的内容。仲裁员认可指定之后,需为当事人带来合理、专业的服务,此外当事人将工资报酬支付给仲裁员。一些研究者指出,仲裁员担负的契约义务大致反映在当事人的仲裁申请书中,例如,与当事人协商的审办的范围、另一些相似的书面或者选择仲裁员的标准等,同时当事人协约的相应规则可全面展现仲裁员的契约义务②。

本书指出,仲裁员需担负的契约义务范围是与当事人在相应界限内协商达成一致的内容。主要表现当事人自治的就是其选定的仲裁规则,因此仲裁员在审办过程中若背离了仲裁规则,就是违反了其契约任务。

(2)侵权责任:仲裁员对案件进行审办过程中若背离制度法规,导致当事人出现损失,那么仲裁员必须承担相应的侵权责任。我国出台的《侵权责任法》指出,侵权责任的组成包括侵权行为与损害之间为因果关系、侵权者有错误行为以及确切的侵权行为等。本书以为,仲裁员承担侵权责任必须符合以上相关构成要件,也就是当事人如果以侵权为由对仲裁员提起诉讼,那么当事人需找到仲裁员行为满足上述组成要件的证据。当侵权责任与违约责任集中到一起时,当事人选取一个即可。

2. 民事责任承担的方式

仲裁员民事承担的方式指仲裁员担负相应的民事责任时,应通过哪一种

---

① IBA《关于国际仲裁利益冲突的指南》详细规定了关于仲裁员独立、公正和披露的标准,分为不可弃权的红色清单、可弃权的红色清单、推定弃权的橙色清单和绿色清单。若被任命的仲裁员有任何不可弃权的红色清单所包括的情况时,仲裁员必须回避。可弃权的红色清单包括严重但并非绝对不允许的关系,只要仲裁员自动履行告知义务且在当事人知情以及明示同意的情况下,就可以有效成为仲裁员。橙色清单中包含一些会引起当事人合理怀疑仲裁员的独立公正的情形,在此情况下,仲裁员就必须尽到自动告知义务,如果当事人没有即时提出异议,就可视为当事人接受仲裁员的任命。绿色清单所涵盖的情形包括了没有实际利益冲突存在的关系,在此情形下,仲裁员没有自动告知的义务。

② 韩平.论仲裁员的民事责任[J].武汉大学学报(哲学社会科学版),2011,64(03):29-35.

模式进行承担,以及担负的具体范围。承担这一责任通常包括这些模式:排除妨碍、支付违约金、停止损害、赔偿相关损失等。大部分学者认可的方式是仲裁员在承担民事责任时赔偿相关损失,同时赔偿范围为仲裁报酬。本书对该观点持同意态度,民事责任的一个主要目的就是赔偿当事人损失;仲裁员在审办时,由于自身不良行为导致当事人遭受严重损失,需通过退还工资报酬这一形式进行弥补。

3. 民事责任豁免范围

仲裁员免于承担民事责任的范围的前提是特殊身份关系理论。在审办过程中,仲裁员可应用自由裁量权,此外各仲裁员的专业水平良莠不齐,在实体问题上的观点不同;因此在研判实体问题时,除了重大过错或者故意为之外,仲裁员均可免于承担民事责任。从仲裁程序方面来看,由于程序的特征为确定性,因此仲裁员在审理时必须依据相关程序展开。若背离程序对案件进行审理,那么仲裁员需担负相应的民事责任;同时其最终的裁决结果不会被使用。若仲裁员在审理时背离仲裁程序,那么其必须承担民事责任。

(三)仲裁员刑事责任制度的完善

我国出台实施的《刑法修正案(六)》对枉法仲裁罪进行了界定,因此《仲裁法》将刑事责任纳入了仲裁员承担责任的范畴中。现阶段理论界对设置枉法仲裁罪持反对意见的研究者认为,该罪的定义不明确,其实操性也不突出,应用范围模糊导致相关方的利益极易被损害。为了维护相关方的正当权益,避免由于法律的应用而出现问题,故还要不断完善其相关内容,本书对刑事责任的构成方面有以下观点:

1. 责任主体

基于法律承担仲裁相应职责的人员是枉法仲裁罪的主体。一些学者指出,我国仅认可仲裁机构,该结构需践行相应仲裁职责;同时这一法条没有直接使用仲裁员这个词,应用的是担负仲裁职责的人,说明该罪责主体的特征为广泛性,既有仲裁员,也有仲裁机构中的另一些人员[1]。本书认为,枉法仲裁罪的立法初衷是惩罚违背公平公正、损害当事正当人权益的行为,该罪的责任主体就是那些被选定审理案件的仲裁员。

---

[1] 罗国强.枉法仲裁罪思辨——仲裁性质两分法与比较法下的考量[J].中国刑事法杂志,2009(01):63-72.

2. 犯罪客体

该罪设立的法律前提是仲裁员应用法官这一身份对案件进行合理、公正审理,同时该罪存在于监察法范畴;其立案的依据条件主要是滥用自身职权等。本书以为,这反映了仲裁员被赋予了准法官的相应权限,因此枉法仲裁罪的一个客体是廉洁性。当事人应用仲裁来化解争端,既关注了仲裁的高效率与灵活性,又期待可以获得公正的裁决。若仲裁员在审办时存在违反法律制度的行为,肯定会对当事人的正当权益造成损害。因此,本书认为该罪的客体有双重性的特征,也就是当事人的正当权益与职务的廉洁。

3. 主观方面

仲裁员践行自身职责时执行的违反法律制度的行为必须建立在故意的基础上,仲裁员知法犯法,任由危害产生却不加制止。仲裁员对案件进行审办时被赋予自由裁量权,若仲裁员由于过错等行为损害了当事人的利益,那么仲裁员仅承担行业自律责任或者民事责任,可免于承担刑事责任。原因是若在仲裁员刑事责任的认定条件中加入过失行为,那么可能出现当事人随意侵害仲裁员正当权益的现象,甚至还会导致优秀法律人才不愿从事仲裁员工作等问题,使该行业人才大量流失,对我国仲裁行业的发展十分不利。

4. 客观方面

仲裁员践行自身职责时,其作出的仲裁行为违反了法律制度、实情。这一行为主要反映为是否作为。一些研究者认为通过"且"字将法律和事实相连,指的是仲裁员在审理案件过程中同时背离法律制度与事实,反之就算只是违反法律规定或者曲解具体事实,仲裁员也能从刑事责任中得到豁免,因此法律和事实两者之间需通过"或"字相连。本书认同这一意见,仲裁员因主观原因违反事实或者违反法律制度,致使裁决有失公平的,需承担刑事责任。

第二章
《纽约公约》及其法律适用

第一节 《纽约公约》的诞生与历史贡献

一、公约的诞生

进入20世纪以来,世界各国的贸易交易次数不断增加,在贸易合作的过程中很容易产生各种纠纷。为解决这些问题,许多国家根据本国的立法环境,制定了商事仲裁的相关法律。由于各国制定商事仲裁的立场不一,因此法律规定也存在很大的差异。所以在早期各国并不认可他国制定的商事仲裁。

第一次世界大战过后,世界各国经济萧条,百废待兴,急需在世界贸易中恢复本国的经济实力。为约束各国之间的商贸行为,国际商会在巴黎召开会议制定了新的国际仲裁公约,以弥补各国立法差异上的不足。比如一些国家立法规定商事仲裁只适用于实际发生的商贸纠纷,但不适用于未发生的纠纷,简单来说,既定的条款不保护商贸中可能发生的纠纷。为修正这一缺陷,国际联盟于1923年在日内瓦出台了《日内瓦仲裁条款议定书》,其中规定仲裁公约对实际发生和未来可能发生的商贸纠纷都具有保护效力,该公约还要求各缔约国法院之间有责任尽快帮助当事人双方完成仲裁申请。

各缔约方明确统一的仲裁条款并承认其法律效力以后,在短时间内统一制定了各国之间仲裁裁决结果的执行规范。1927年在日内瓦各缔约国共同签订了《关于执行外国仲裁裁决的公约》(下简称《日内瓦公约》),该公约是对日内瓦议定书仲裁条款的补充说明,重点讲述了各缔约国在执行仲裁结果时应注意的事项和行为准则。

但日内瓦议定书中的仲裁条款存在一定的缺陷,所以在第二次世界大战之后国际商会又联合起草了新的仲裁公约,经过各缔约国多年审核协商以后,于1953年才达成共识。但在实际处理国际商事仲裁中,该公约的法律效力并不理想,各国仍以本国的利益角度出发阻挠国际商事仲裁。对此联合国理事会于1955年起草了一份新公约,新公约的内容大致与《日内瓦公约》相似,只是名称有所不同。《日内瓦公约》主要针对的是国际之间的仲裁裁决,而联合国理事会起草的公约针对的是外国仲裁裁决,两者看似相似,其实质内容却有本质上的差别,这两份公约在一定时期内主导了全球的商事仲裁裁决。

联合国经社理事会起草的公约经过各国政府法律部门审计协商并提交相关建议后,联合国经社理事会于1958年5月20日在美国纽约召开了国际商事仲裁会议,会议讨论了各国提交的审议建议,通过协商后各缔约国在商事仲裁上达成统一共识,并共同发表了《纽约公约》,自此《纽约公约》成为主导各国处理国际商事仲裁的主要法律依据。

二、公约的历史贡献

在《纽约公约》尚未诞生之前,在一定时间内各国出现商事仲裁纠纷只能依据日内瓦公约的仲裁条款。但从《纽约公约》生效以后就正式废除了日内瓦公约中关于商事仲裁的条款,自此《纽约公约》就成为处理国际商事仲裁的唯一法律依据。《纽约公约》在优化改进国际商事仲裁条款上主要作出了以下调整:

(一)扩大了公约的适用范围

各缔约国需遵守纽约公约中关于"国外仲裁裁决"的条款,即各缔约国之间相互承认在他国完成的商事仲裁裁决结果并执行裁决结果。这就意味着缔结《纽约公约》的各成员国有责任有义务承担他国通过的仲裁裁决结果,这使得《纽约公约》的适用范围进一步扩大到非缔约国。与传统的国际条约相比,《纽约公约》这一规定具有一定的现代化特征,因此通常国际条约只适用于处理缔约国之间的国际事务,但《纽约公约》却将其适用范围扩大延伸至非缔约国,这是一大创举。以往《日内瓦公约》的仲裁范围仅限制在各缔约国管辖的范围之内,管辖范围之外的仲裁纠纷就不受《日内瓦公约》的约束。但在《纽约公约》诞生时,许多成员国并未承认将《纽约公约》的适用范围进一步扩大到非缔约国,因此该公约在处理国际范围内商事仲裁纠纷的新效果并不理想。为改变这一现状,《纽约公约》的起草者对其进行适当的调整,条约中新增了"互惠保留"的条款,即各缔约国可以自行决定是否将该公约的适用范围扩大到非缔约国,将选择权交付到各国手中,让各国都有成为公约缔约国的机会。如瑞典,它虽然是公约的起草国之一,但其并未承认"互惠保留"的条款,但在他国通过的仲裁裁决结果可在瑞典管辖范围内提交执行申请,瑞典政府需遵守纽约公约的条款履行相关责任。在新增"互惠保留"条款时,超过半数以上的缔约国选择了承认这一条款。我国当时也承认了"互惠保留"的条款,因为即使不承认该条款,在我国管辖范围内发生的国际商事仲裁我国依然有责任有义务去履行《纽约公约》的相关规定,即使是非缔约国在本国的仲裁裁决,我国也必须履行相应的职责。而对于那些非缔约国来说,在我国作出的仲裁裁决他们是没有责任和义务去执行承认的,这对于我国境外仲裁裁决和执行来说是极为不利的。而我国承认"互惠保留"就意味着,我国只需承认与缔约国之间的仲裁结果。

近年来申请加入《纽约公约》的国家越来越多,《纽约公约》受"互惠保留"的限制和影响逐渐降低。但对于仲裁当事人来说,其仍可根据"互惠保留"的规定作出对自己最有利的选择,即当在为承认"互惠保留"的非缔约国完成仲裁时,仲裁的结果就无法在其他承认"互惠保留"的缔约国之间执行,这对仲裁当事人来说是逃避仲裁惩罚的有力手段。

(二)确立了仲裁协议书面形式的统一规则

就仲裁协议的形式而言,各国国内立法规定存在一些差别。例如,大多数国家立法要求仲裁协议应为书面形式,但也有少数国家允许口头方式订立仲裁协议;在采用书面形式要求的国家中,有些国家对构成书面协议的具体条件要求比较宽松,而有些则比较严格和苛刻。如意大利民法典第1341条和第1342条规定,对制式条款或格式合同中包含的仲裁条款,当事人只签署合同本身是不够的,还要另行签字表示同意该仲裁条款;又如我国《仲裁法》第16条要求书面形式中应包含"选定的仲裁委员会"。

《日内瓦公约》要求仲裁协议按其准据法应是有效的,并将此作为执行裁决的条件之一。按照《日内瓦公约》，仲裁协议采用何种形式也取决于上述准据法。与此不同的是，《纽约公约》直接规定了仲裁协议必须采用书面形式并在公约第二条第二项中对书面形式的含义作了界定。

那么，当《纽约公约》缔约国国内法与公约第二条二项规定不一致时，应如何处理彼此的冲突呢？对此，权威学者的论述和各国法院相关判例认为，缔约国法院对公约项下的仲裁协议的形式有效性的认定应优先适用公约。也就是说，公约关于仲裁协议书面形式的要求和具体规定构成了一项统一的国际性实体规则，该国际统一实体规则应优先于国内法加以适用。例如，意大利法院过去在认定仲裁协议形式效力时多认为其国内民法典第1341条和第1342条关于书面形式的特殊要求优于公约第二条二项的适用。后来意大利最高法院的判决指出，公约第二条二款关于仲裁协议形式的规则是实体性的规定，因而民法典第1341条和第1342条不应适用于公约项下的仲裁协议。意大利的其他法院在随后的判决中也都认为在适用公约第二条二项时无须再考虑上述民法典对仲裁协议形式的特别要求。

（三）赋予当事人对仲裁程序法的选择权

1927年的《日内瓦公约》规定，仲裁庭的组成和仲裁程序必须符合仲裁地的法律，而且将此作为执行仲裁裁决的一项条件。这势必导致仲裁必须受仲裁地程序法的支配。而从实践来看，当事人在选择仲裁地点和选择仲裁程序法时的考量因素往往是有区别的，也就是说，当事人选择在某国仲裁并不表明他们当然希望适用该国的法律。正是为了尊重当事人的自主权利，更好地体现仲裁在程序上比诉讼具有的灵活性。《纽约公约》第五条第一项第四款规定，如果当事人已经就仲裁庭的组成或仲裁程序达成了协议，则仲裁地的仲裁程序法可以不被考虑。只有在当事人之间缺乏上述协议的情况下，才应该适用仲裁地国家的相关程序法。

（四）废除执行裁决的"双重许可"制度

《纽约公约》是对《日内瓦公约》的优化升级，其改进主要体现在打破了《日内瓦公约》中的"终局"理念，即扩大了仲裁裁决的约束范围。在其规定中表示，如果当事人想要在他国提交进行仲裁裁决和执行裁决的申请，就必须先在本国提交仲裁申请经本国审查通过后承认可以发起仲裁，一旦本国承认当事人可向他国提交仲裁申请后就不能再提交上诉和异议。从《日内瓦公约》中可以看出,需要进行仲裁的当事人需要在本国和他国同时通过仲裁申请许可后才能在国外发起仲裁和执行仲裁,这对于当事人来说,极大增加了仲裁的难度和仲裁的流程时间。但在《纽约公约》中就废除了这种双重许可的规定,为需要仲裁的当事人提供了极大的便利。

在《日内瓦公约》中规定一旦作出裁决的国家撤销了当事人裁决的申诉,那么其裁决结果就会作废,执行裁决的程序就会被中断,后续恢复执行就需要复杂的手续流程。但《纽约公约》中规定,当作出裁决的国家撤销仲裁申诉时,不会立即终止执行仲裁程序,只有在确认作出裁决的国家确定要撤销裁决后才会终止执行程序,在未确认之前,仲裁执行程序在国外不会受到实质性的限制。在公约第六条条款中规定,当作出裁决的国家确认撤销仲裁后,负责执行的法官可根据实际情况决定是否推迟或终止执行裁决,其目的是保护败诉方的利益不受损害。但执行法官也可要求败诉一方在是否决定终止执行的时间内向胜诉方提供一定的担保。

（五）重新分配举证责任

《日内瓦公约》还对寻求执行裁决的一方当事人规定了过多的举证责任和满足执行所需的各种条件。但根据《纽约公约》第四条的规定,申请执行裁决的一方只需要向法院提交裁决文书正本或经证明的副本,此外不再承担其他举证责任。相反,根据《纽约公约》第五条的规定,证明存在第五条第一项所列举的拒绝执行的有限理由的责任则留给了被申请执行人一方。这表明了举证责任被重新分配,有利于仲裁裁决的承认和执行。

（六）统一了确定仲裁协议准据法的冲突规范

公约第五条第一项要求缔约国法院在审理申请承认和执行外国仲裁裁决的诉讼案件中,如果当事人对仲裁管辖所依赖的仲裁协议的效力发生争议,则法院对仲裁协议应适用"当事人选择的法律"。如当事人未选择时,则应适用"仲裁裁决作出地国家的法律"。这项规定被看作是以国际公约立法的方式在仲裁协议法律适用方面创设了一项效力优先于法院地国内冲突规范的统一冲突规范。

上述这项统一冲突规范无疑非常重要,它是公约的一大立法成就。它意味着缔约国法院在承认和执行仲裁裁决的诉讼中,如果被申请人就仲裁协议的实质有效性质疑并因此请求不予承认和执行该裁决时,受案法院则应首先对本案仲裁协议的有效性适用双方当事人选择的准据法；如果当事人未选定仲裁协议的准据法，则应适用"仲裁裁决作出地国家的法律"。

（七）创设了独特的"更优权利条款"

《纽约公约》的许多缔约国除参加该公约外，还有关于承认和执行外国仲裁裁决的国内立法，有些缔约国同时还签订了涉及这一事项的其他双边或多边条约，因此《纽约公约》在具体适用中便存在着一个值得关注的问题，即如何处理《纽约公约》与国内法以及其他条约的关系。对此公约在其第七条第一项中规定："本公约之规定不影响缔约国间所订立的关于承认及执行仲裁裁决的多边或双边协定之效力，亦不剥夺任何利害关系人可依援引裁决地所在国之法律或条约所认许之方式，在其许可范围内，援用仲裁裁决之任何权利。"上述第七条第一项表明当事人在向《纽约公约》缔约国申请承认和执行某一公约范围内的仲裁裁决时，既可选择公约作为请求的依据，也可选择被申请承认和执行地国的有关国内立法或该国缔结的有关其他条约作为请求的依据。研究《纽约公约》的著名专家美国的彼特·桑德斯教授在解释公约上述条文时曾指出，这进一步阐明了该公约将不剥夺任何利害关系人在被申请承认和执行地国的法律或条约许可的方式及范围内援用仲裁裁决的任何权利。换言之，如果在被申请承认和执行地国境内有效的国内立法或其他条约提供了比纽约公约更为有利和优惠的权利，则申请执行裁决的一方当事人便可援引和利用该项更为有利和优惠的规定并以此取代公约的相关规定。故此，该公约第七条第一项的规定被称为公约中的"更优权利条款"，"更优权利条款"是公约积极促进和支持执行外国仲裁裁决目标的又一具体体现，它为无法适用纽约公约进行执行的案件开辟了新的执行依据。这一规定的理由在于避免剥夺当事人依据被请求国国内法律中更为优越有利的条件去请求执行其裁决。

第二节 解释和适用《纽约公约》的国际标准

从解决跨国和国际经济贸易纠纷的法律手段来看,仲裁远比诉讼更为普遍,其主要原因是通过法院诉讼获得的判决很难在其他国家得到承认和执行,而在仲裁领域因为存在着包括我国在内的140多个国家参加的《承认及执行外国仲裁裁决公约》即著名的《纽约公约》(以下简称《公约》),因此在任何一个公约缔约国作出的仲裁裁决均可依该公约在其他140多个缔约国家的法院得到承认和强制执行。《公约》因此被誉为当代国际商事仲裁法律制度的基石,成为仲裁和司法领域国际条约编纂的一大成功范例。

本节从分析研究各国法院适用公约的典型案例出发,为读者揭示理解、解释和适用公约的正确标准。

一、互惠保留

《纽约公约》要求各缔约方应将该公约适用于"在外国作出的裁决"。《纽约公约》的适用对象是非常广泛的,无论该国是否是《纽约公约》的缔约国。《纽约公约》这种规定其适用范围的做法是一种更加现代的观念。例如,在国际联盟的倡导下于1927年在日内瓦缔结的《关于执行外国仲裁裁决的公约》(以下简称《日内瓦公约》)就曾将其适用的仲裁裁决范围限定为在缔约国之一的领土内作成并且裁决。当事人是受缔约国管辖的主体(这里"管辖"的含义通常是指当事人拥有缔约国的国籍或在缔约国有住所)。《纽约公约》在其适用范围上确立的这一广泛性原则,即要求缔约各国承认和执行在任何外国(无论该外国是否是缔约国)作出的仲裁裁决的这一新观念未能得到参加当年《纽约公约》谈判国家的一致接受。正因如此,为了使更多国家成为公约缔约国,《纽约公约》的起草者同时给了持传统观念的国家一种选择,即允许该类缔约国声明将该公约适用范围保留在"仅适用于在本国以外其他缔约国领土内作出的裁决"。这便是《纽约公约》第一条第三项所规定的"互惠保留"。例如,瑞典是该公约的缔约国,但瑞典并未作"互惠保留",因而在任何外国(并不限于缔约国)作出的仲裁裁决都可以依据《纽约公约》在瑞典申请承认和执行。从参加和批准公约的情况来看,目前大约有三分之二的缔约国在

《公约》的适用范围上作出了"互惠保留",我国加入《纽约公约》时也作了"互惠保留"。

随着《纽约公约》缔约国数量的不断增加,"互惠保留"对《纽约公约》适用范围的影响越来越小。但是,对选择仲裁的当事人来说,仍需认真考虑仲裁地亦即裁决作出地所在国是否已加入该公约。如果裁决一旦在一个非缔约国领土内作出,则该裁决便无法在已经作出"互惠保留"的三分之二多数的缔约国去依据《公约》申请承认和执行。

二、《公约》适用与当事人的国籍无关

关于《公约》的适用对象和范围,已在其名称中有所表述。《公约》名称是《承认及执行外国仲裁裁决公约》,顾名思义,公约适用于承认和执行"外国仲裁裁决"。何谓根据《公约》第一条第三项的定义,"外国仲裁裁决"包括"在外国作出的裁决"和"非内国裁决"两类。《公约》适用的"外国仲裁裁决"主要是指"在外国作出的裁决",但该公约并未对这种"在外国作出的裁决"的当事人的国籍以及裁决所涉争议本身是否具有国际性或涉外性等因素作出进一步的限定。这一特点说明,裁决当事人的国籍以及争议本身是否具有国际性均与外国仲裁裁决的认定和公约的适用范围没有关系。

三、仲裁协议不能实行

《纽约公约》的名称虽然只是承认和执行"仲裁裁决",但对"仲裁协议"的承认和执行确已成为该公约两大重要目的和内容之一。对此,研究《公约》最著名的范登伯格教授指出:"纽约公约主要规定了国际商事仲裁中两方面的内容和事项:执行公约项下的仲裁协议和执行外国仲裁裁决。"就履行公约义务而言,各缔约国法院在《公约》设置的以下两种诉讼中都会面临对仲裁协议的认定和执行问题:第一种诉讼是在订有仲裁协议的当事人之间,一方将争议向缔约国法院起诉后,另一方当事人诉请该法院依据《公约》第二条第三项的规定终止诉讼并命当事人将争议提交仲裁解决。这种诉讼可称为"执行仲裁协议的诉讼"(也称"裁决前诉讼");第二种诉讼是当事人诉请缔约国法院承认和执行外国仲裁裁决,也被称为"执行仲裁裁决的诉讼"(也称"裁决后诉讼")。在第二种诉讼中,缔约国法院应当事人请求需依照《公约》第五条第一项(甲)款审查认定是否存在有效的仲裁协议。以上说明,《公约》不仅与承认和执行仲裁裁决有关,也是缔约国法院承认和执行仲裁协议

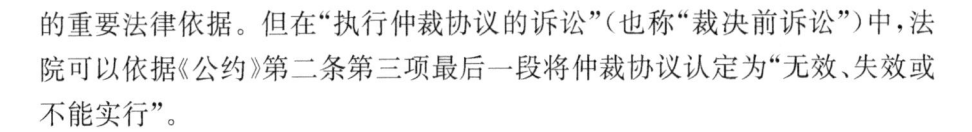

的重要法律依据。但在"执行仲裁协议的诉讼"（也称"裁决前诉讼"）中，法院可以依据《公约》第二条第三项最后一段将仲裁协议认定为"无效、失效或不能实行"。

四、商事保留

根据《公约》第一条第三项第二款的规定，允许缔约国在加入《公约》时作出保留，声明《公约》只适用于按作出保留国家的法律属于商事性质的纠纷裁决，而无论该纠纷产生于合同关系或其他法律关系。此项保留写入《公约》的原因是为了使更多国家接受和加入《公约》。因为一些国家的法律对商事和非商事的交易和纠纷处理是有区别的，如果《公约》不作区别，就可能使这些国家无法接受和加入《公约》。《公约》规定的商事保留的作用是明显的。例如，美国法院曾指出，《公约》的该项保留至少排除了家庭关系和其他行政性裁决以及其他类似裁决。美国关于执行《公约》的立法，即美国《联邦仲裁法》第二章二百〇二条规定，产生于商事法律关系的裁决和仲裁协议，包括本章所称的交易合同或协议属于《公约》的适用范畴。但美国该项立法在第一章中将涉及海员、铁路职工和其他商业活动中人员的雇佣合同排除在本法适用之外。从商事保留的角度来看，我国目前的劳动争议仲裁、土地承包仲裁和人事争议仲裁均不属于商事仲裁的范畴，因而也不能适用《公约》。印度法院在"商事"一语的解释方面曾经比较混乱，过分狭义地理解商事的含义。无论如何，应该看到《公约》本身没有对"商事"作出定义，而仅规定了适用法院地法来认定何谓"商事事项"。

五、互为被诉人的平行仲裁条款及其裁决的执行

有关拒绝承认和执行裁决的规定无疑成为《公约》立法的一项核心内容。《公约》第五条集中列举规定了拒绝承认和执行裁决的理由。凡超出《公约》第五条所列举的七项理由之外的任何其他事由均不得成为拒绝承认和执行外国仲裁裁决的合法理由。从《公约》第五条的规定来看，有两个明显的特点：其一，《公约》关于拒绝执行裁决理由的列举是穷尽的，不能超出《公约》第五条所列举的七项理由作任何扩大解释；其二，《公约》第五条所列举的七项理由均不涉及对裁决实体内容的审查，因此，法院不得对仲裁裁决的实体性内容进行重审。

六、仲裁员国籍及其国家的性质不构成违反公共政策

违反公共政策是抗辩裁决承认和执行时最常援用的一项理由,但这些援用很少获得成功。这在很大程度上是由于各国法院将纯粹国内事务中的公共秩序与适用国际条约时的公共秩序作了区别。在适用国际公约时,违反公共秩序的标准应从严掌握。例如,许多国家国内法律要求仲裁裁决应包含作出裁决的理由,否则将被视为违反国内公共秩序,但这并不应导致该国拒绝承认和执行在不要求裁决必须包含作出裁决理由的国家作出的外国仲裁裁决。德国汉堡法院曾明确指出,对外国仲裁裁决而言,并非任何违反德国法律强制性规定都构成对德国公共政策的违反。

第三节 《纽约公约》与仲裁协议的法律适用

在国际(涉外)商事仲裁中,仲裁协议(含仲裁条款)的有效性不仅关系到仲裁庭的管辖和裁决的有效性和可执行性,而且有效的仲裁协议也具有排除法院对该仲裁协议当事人协议项下纠纷的诉讼管辖权的重要作用。认定仲裁协议是否有效的关键在于仲裁协议本身的法律适用。正像各国法律对仲裁协议有效性的形式和实质要求存在差别一样,各国关于国际(涉外)仲裁协议的法律适用方面的规则和制度也不尽相同。我国已于 1987 年成为仲裁领域最重要的国际公约——《纽约公约》(下简称为《公约》)的缔约国,对《纽约公约》关于仲裁协议的法律适用制度以及我国与之相关的理论和司法实践的研究和总结是非常必要的。

一、《纽约公约》与仲裁协议

1958 年由联合国主持创设的《纽约公约》的全称是《承认及执行外国仲裁裁决公约》。据联合国官网 2022 年 5 月 5 日消息,土库曼斯坦加入了《承认及执行外国仲裁裁决公约》。随着土库曼斯坦于 2022 年 5 月 4 日加入《纽约公约》,其成为《纽约公约》的第 170 个缔约国。《纽约公约》将于 2022 年 8 月 2 日对土库曼斯坦生效。研究公约最著名的范登伯格教授指出,《纽约公约》主要规定了国际商事仲裁中两方面的内容和事项:执行公约项下的仲裁协议和执行外国仲裁裁决。

就履行公约义务而言,各缔约国法院在公约设置的以下两种诉讼中都会面临对仲裁协议的认定和执行问题:第一种诉讼是在订有仲裁协议的当事人之间,一方将争议向缔约国法院起诉后,另一方当事人诉请该法院依据《公约》第二条第三项的规定终止诉讼并命当事人将争议提交仲裁解决。这种诉讼可称为"执行仲裁协议的诉讼"(下称"裁决前诉讼");第二种诉讼是当事人诉请缔约国法院承认和执行外国仲裁裁决,也被称为"执行仲裁裁决的诉讼"(下称"裁决后诉讼")。在第二种诉讼中,缔约国法院应当事人请求需依照《公约》第五条第一项(甲)款审查认定是否存在有效的仲裁协议。以上表明《纽约公约》不仅与承认和执行仲裁裁决有关,它也是缔约国法院承认和执行仲裁协议的重要法律依据。

为在《纽约公约》设立的以上两种诉讼中承认和执行仲裁协议,缔约国法院必须考虑两个基本问题,即何谓"《公约》项下的仲裁协议"和如何确定《公约》项下仲裁协议效力的准据法。首先,"《公约》项下的仲裁协议"这一问题实际上牵扯到《纽约公约》的适用范围。虽然《纽约公约》对其适用的仲裁裁决范围作了明确规定,但对《公约》应适用的仲裁协议范围,亦即"《公约》项下的仲裁协议"的范围没有专门规定。但大多数缔约国的实践和权威学者认为,应将不同缔约国的当事人之间的仲裁协议和仲裁地点约定在其他缔约国的这两种仲裁协议归入"《公约》项下的仲裁协议"范畴。

二、仲裁协议形式有效性的法律适用

缔约国法院在以上两种诉讼中评判仲裁协议的有效性时,需要首先对仲裁协议的形式是否有效作出决定。

《纽约公约》第二条第一项规定了仲裁协议的形式应是"书面协议",并在《公约》第二条第二项中进一步给"书面协议"作出了下列定义:"称'书面协议'者,是指当事人所签署的或在互换的函电中所载明的合同中的仲裁条款或仲裁协议。"另外,根据《公约》第四条第一项的规定,诉请执行仲裁裁决或仲裁协议的一方当事人还应向法院提交《公约》第二条所称的书面协议的原本或正式副本。这说明《公约》不仅要求仲裁协议的形式应是"书面协议",而且将此种书面协议是否存在的举证责任划归提出执行要求的一方当事人承担。

(一)"书面协议"的认定

《公约》要求仲裁协议须为"书面协议",而《公约》第二条第二款则进一步将书面协议界定为以下两种形式:第一种形式的书面协议是指当事人签字的某一合同中包含的仲裁条款或当事人签字的某一单独的仲裁协议;第二种形式的书面协议则是指在当事人互换(往来)的电报或信函中包含的合同仲裁条款或单独的仲裁协议。

《公约》上述第二条第二项的规定在实践中遇到的主要问题有:是否需要当事人的签字以及如何签字;如何理解"互换"的含义和方式等。

(1)签字。只要当事人共同签署了载有仲裁条款的合同或单独的仲裁协议,则该项仲裁条款或仲裁协议便构成了《公约》上述第二条第二项界定的第一种形式的书面协议。这里所讲的签字(signatures)可以在同一文件中表达或完成，也可以在不同的文件中表达或完成。

(2)函电互换(往来)。虽然公约对于上述第二种形式的书面协议不要求当事人的签字，但《公约》第二条第二款却对第二种形式的书面协议提出了另一项要求，即载有仲裁协议或仲裁条款的文件应以电报或信函进行"互换(往来)"。也就是说，"互换规则"成为判定第二种形式的仲裁协议是否有效存在的重要法律规则。

三、仲裁协议实质有效性的法律适用

虽然《公约》已对仲裁协议的形式有效性作出了统一实体性规定，但涉及《公约》提到的仲裁协议的内容"无效、失效或不能执行"等实质有效性方面，《公约》并未作出具体规定，这些实质有效性的认定标准显然留给了国内法，这便产生了仲裁协议实质有效性应适用何国法律的问题。

首先，在《公约》设定的"裁决前诉讼"中，即在《公约》第二条规定的"执行仲裁协议的诉讼"阶段，《公约》第二条的条文本身并未对仲裁协议实质有效性明确指出寻找其准据法的方法，也就是说，《公约》第二条没有关于仲裁协议法律适用方面的直接规则和规定。原因在于当年讨论和制定《公约》时，前期的《公约》文本只涉及仲裁裁决的执行，只是到了后期阶段与会代表意识到法院拒绝执行仲裁协议的后果比拒绝执行仲裁裁决对仲裁的不利影响更大，因此临时决定增补了第二条关于承认和执行仲裁协议的条文和内容。但与第二条不同的是，《公约》第五条第一项(甲)款要求法院在"裁决后诉讼"中，即在《公约》第五条设立的"执行仲裁裁决的诉讼"阶段，对仲裁协议应适用"当事人选择的法律"；如当事人未选择时，则应适用"仲裁裁决作出地国家的法律"。这项规定被视为以公约立法的形式在仲裁协议法律适用方面创设了一项效力优先于法院地国内冲突规范的统一冲突规范。

上述这项统一冲突规范无疑非常重要，它是《公约》的一大立法成就。它意味着缔约国法院在"裁决后诉讼"中，如果一方就仲裁协议的实质有效性质疑并因此请求不予承认和执行该裁决时，受案法院则应首先对本案仲裁协议的有效性适用双方当事人明确约定的准据法；如果当事人未选定仲裁协议的准据法，则应适用"仲裁裁决作出地国家的法律"。

针对上述第二条与第五条的不同，人们必然会提出一个新的问题，即上述第五条第一项(甲)款包含的统一冲突规范是否也能够用来解决《公约》第

二条设定的"执行仲裁协议的诉讼"中的仲裁协议的法律适用问题呢？也就是说，在裁决尚未作出之前，仲裁协议的一方当事人向法院提起诉讼，另一方以双方之间存在仲裁协议为由对法院管辖权提出抗辩，诉请法院以停止实体审理的方式来执行仲裁协议，此时法院能否用第五条第一项（甲）款包含的统一冲突规范来确定适用于仲裁协议实质有效性的准据法呢？由于《公约》本身缺乏专门的条文来说明这一问题，我们只能转向通过其他辅助性法律渊源来探寻相应的规则和依据。

从权威法学家范登伯格教授的论述来看，在将《公约》作为有机的整体加以解释和适用时，原则上应将其第五条第一项（甲）款的冲突规范类推适用于《公约》第二条涉及的"执行仲裁协议的诉讼"。这种"类推适用说"的具体理由如下：其一，如果仅在仲裁裁决执行阶段适用公约这一统一冲突规范，而在仲裁协议执行阶段适用可能与此不同的法院地的国内冲突规范或其他冲突规范，就会出现仲裁协议准据法前后不一致。这种不一致将导致同一仲裁协议在不同阶段和不同程序中被判定适用不同的法律支配，即在《公约》第二条的"裁决前诉讼"阶段适用由法院各自选择的冲突规范确定的准据法，而在"裁决后诉讼"阶段则适用第五条第一项（甲）款包含的统一冲突规范确定的准据法。其二，在《公约》的解释和适用时，必须考虑到《公约》前后的整体性和相互关联性。由于《公约》第五条第一项（甲）款已经包含了"第二条所称的仲裁协议"这句话，可以认为第五条第一项（甲）款规定是对《公约》第二条关于仲裁协议规定的延伸和扩展。第五条第一项（甲）款包含的统一冲突规范在《公约》第二条设定的"执行仲裁协议的诉讼"中应该被使用。

"类推适用说"目前已获得了权威专家的一致认可。但由于存在执行仲裁裁决与执行仲裁协议两种诉讼的差别和当时《公约》制定过程一些特殊情况的影响，将《公约》第五条第一项（甲）款的统一冲突规范类推适用于《公约》第二条执行仲裁协议阶段的诉讼时仍将面临两方面的困难：第一，由于有关执行仲裁协议的条文和规定是在《公约》讨论的最后时刻才被临时增补到《公约》文本之中，这种临时增补使得前后条文的衔接不够完善，需要在类推适用时进行变通解释。第二，在执行仲裁裁决的诉讼阶段，"裁决作出地"这一选择准据法的连结点已经明确化，而在执行仲裁协议的诉讼阶段，仲裁协议本身可能根本未约定仲裁地，因此也就根本无法确定"裁决作出地"或"裁决将要作出地"。这就意味着，在执行仲裁协议的诉讼中，如果当事人未选择适用于仲裁协议的法律，而且仲裁地点即"裁决将要作出地"也不明确的特殊情况下,将显然无法类推适用第五条第一项(甲)款的统一冲突规范来确定仲裁协议的准据法。这一点的确暴露出《公约》对这种既无准据法选择又无仲裁地点的仲裁协议(下称"双无仲裁协议")的法律适用既缺乏直接规定,也没有可供类推适用的规定。

为弥补《公约》关于"双无仲裁协议"法律适用的缺陷,范登伯格教授提出的解决方法是对"双无仲裁协议"适用法院地国的冲突规范来确定准据法。这一办法与三年之后的1961年《欧洲国际商事仲裁公约》第六条第二款规定的下列解决办法完全吻合。1961年《欧洲国际商事仲裁公约》第六条第二款规定:缔约国法院在审查一项仲裁协议是否存在或是否有效时,有关当事人的能力应依据适用于他们自身的法律,对其他问题则应(a)适用当事人选择的法律;(b)无此选择时,适用裁决将要作出地国家的法律;(c)无此选择且在该问题提交法院时,裁决将要作出地国家无法确定,则适用受理该争议的法院所在地国的冲突规范确定的法律。

总之,在执行公约项下仲裁协议的"裁决前诉讼"中,"类推适用"的主张和原则已成为确定仲裁协议准据法的国际标准。

第三章
商事仲裁中的仲裁地

第一节 仲裁地的概念

当事人双方在提交国际商事仲裁申请之前需要协商好进行仲裁的地点,这是非常关键的一环。因为不同的仲裁国其法律程序和规定存在很大的差异,如果在提交仲裁申请之前当事人双方没有协商好在哪国仲裁,那么在仲裁时的法律依据就会受到仲裁国法律规定的影响。所谓仲裁地指的就是达成仲裁协议的地方,即根据仲裁国的法律规定完成仲裁。其实仲裁地也就意味着仲裁法律的所在地,这里的所在地指的是仲裁的司法基地。举例来说,一旦在该国进行仲裁后,即使经过的仲裁会议在他国召开,也要根据第一个作出仲裁的国家的法律规定进行仲裁,简单来说,进行仲裁的地方可以有很多,没有任何地理空间的限制,但仲裁时的法律依据是独一无二的,即第一个作出仲裁的国家的法律规定。

一、物理意义上的仲裁地

在实际处理国际仲裁过程中,其开会审理的地点是不固定的,比如说当事人约定在伦敦进行仲裁,但由于当事人身处北京不便去伦敦,那么北京的法院就可承接这一仲裁。若当事人的证据和财产保全已在美国作了确定,那么仲裁员在不知情的情况下可能会在他国对这一仲裁事件进行签字确认。此外,为了降低当事人的仲裁成本,当事人在向法院提交证据时,可由当事人所在地的法院向开庭法院提供文本或视频形式的相关证据。以上均展现了仲裁地的灵活性和变通性。

二、法律意义上的仲裁地

当事人双方在提交仲裁申请之前需商定好仲裁所在地,所在地不仅仅体现在地理位置上,也包含了在仲裁过程中的法律依据上。其所在地选择的影响在很大程度上决定了仲裁结果的走向,因此仲裁过程中所参照的法律依据很大程度上会受到所在地法律体系的影响。所以在国际仲裁时经常会因为所在地的选择问题,而产生额外的纠纷。

1996年《英国仲裁法》第五十三条规定:"除非当事人另有约定,只要仲裁地是在英格兰、威尔士或北爱尔兰,仲裁程序中的任何裁决均应视为在这些地方作出,而无须考虑其于何处签字、发出或送达当事人。"在该仲裁地作出的裁决,如果依据1958年《关于承认和执行外国仲裁裁决的公约》(即《纽约公约》)在公约缔约国国内申请承认或执行,这一被申请国的法院就将以裁决所在地国或裁决所依据法律之国是否赋予裁决以法律效力为关键因素之一来判定是否拒绝承认及执行。

《伦敦国际仲裁院规则》第十六条:

16.1 当事人可以书面约定仲裁地(或法定仲裁地点)。如当事人未作选择,仲裁地应为伦敦;除非考虑到案件所有的情况,在给予当事人书面评论的机会后,认为另一个地点更为合适。

16.2 仲裁庭得自由决定在任何地理上便利的地点举行庭审、会议和评议。如果该地点在仲裁地之外,仲裁应被认为在仲裁地进行,裁决应被认为在仲裁地作出。

16.3 仲裁的准据法(如有)应为仲裁地的仲裁法,除非并且仅在当事人书面明示约定使用其他仲裁法且该约定不为仲裁地法所禁止。

法律意义上的仲裁地与其他地理意义上的仲裁地不仅有着本质效力上的区别,也同时有着一定联系。通常如果当事人约定了仲裁地点的话,都会认定为法律意义上的仲裁地。一旦仲裁程序都在该地国家之内进行,比如开庭审理、合议、裁决签字等都发生在该国境内,那么这两种层面上的仲裁地就是仲裁地本身,而不需要对二者进行区分来认定仲裁地。

第二节　仲裁地法律的适用与确定

国际商事仲裁的最终结果在很大程度上会受到多个参与作出仲裁国家的法律体系的影响,比如处理实体纠纷的法律、仲裁程序、仲裁协议的法律效力等。在仲裁法律的选择上要充分尊重当事人的决定,原则上优先遵从当事人意思自治的原则来选择仲裁法律。如果当事人没有作出决定,那么仲裁法庭就会自动根据本国的法律体系进行仲裁审判,其仲裁结果可能会不利于当事人。

一、仲裁程序法的确定

在仲裁法律适用方面,程序法的实用性是其关键的一环,仲裁程序法的主要作用是约束仲裁过程中的法律规范,也可将其理解为仲裁法[①]。

但与仲裁程序规则相比,仲裁程序法的概念和定义与其存在本质上的差别,具体体现在以下三个方面:

首先是制定主体的不同。仲裁程序法是国家法律体系的一部分,必须由本国立法机关制定并交由司法机关审核通过后才能颁布实施。而仲裁程序规则则是需要国际仲裁的当事人双方或者相关机构共同协商的结果,其并不具备法律效应,只是服务于仲裁审判。

其次是内容和作用的差异。仲裁程序规则是服务于整个仲裁程序,例如商定仲裁所在地、如何提交相关证据、当事人双方如何进行答辩、裁决结果如何送达等。而仲裁程序法包涵了程序规则中的大部分内容,此外还对其进行补充说明,比如涉及司法权力监管的临时性保全措施、执行和承认裁决结果、规定可仲裁事项等,由此可见仲裁法有很强的法律效力。

最后是产生作用的方式存在差异性。由于仲裁程序规则的相关内容是当事人双方或者是相关机构共同商定的,所以其使用对象仅仅局限于当事人双方或相关机构,对他人不会产生任何作用。但仲裁程序法是国家法律体系的一部分,其适用的范围是整个国家,对任何人都能产生作用,在仲裁的各个

---

① 赵秀文.国际商事仲裁及其适用法律研究[M].北京:北京大学出版社,2002.

环节中都能体现出仲裁法的地位和作用,简单来说,仲裁结果的走向很大程度是由仲裁法来决定的,程序规则只是服务于仲裁过程。

由于仲裁程序法具有很强的独立性,当事人无法对其进行干预。如果当事人想在仲裁中处于有利地位,只能对仲裁程序规则进行干预,能做的也就是选择仲裁所在地。可即便如此,仲裁的程序规则也会受到所在地的一些强制性法律的限制,这种限制使得当事人双方的约定无效化。这里的强制性主要体现在本国法律对领土范围内一些事物的强制约束力,对于仲裁法来说也不例外,也要尊重本国法律体系的相关规定。虽然本国法律有干预和影响仲裁结果的嫌疑,但世界上大多数国家在仲裁地进行仲裁都选择尊重所在地国家的法律体系。

当事人在开庭之前没有明确选择使用何种仲裁法,那么仲裁法庭可自行决定。法院会根据一般冲突法原则来选择仲裁法,即仲裁所在地在解决实体纠纷时的法律依据。当事人保留决定使用何种法律来判决实体问题的权利,但这一做法并不被国际社会认可。《纽约公约》中规定如果当事人没有行使选择仲裁程序法的权利,当仲裁机构所根据的法律与仲裁所在地的法律产生冲突时,执行仲裁的机构可依法拒绝执行裁决结果。

二、仲裁实体法的确定

仲裁实体法的主要作用是服务仲裁过程,简单来说,就是帮助当事人理解法律条款,明确当事人双方具有的权利和需要承担的责任,界定双方赔付条款等。仲裁机构通过实体法能有效解决当事人双方的经济纠纷从而达成双方都满意的仲裁结果。

国际商事的当事人双方可依据司法自治原则选择适合自己的法律规则,这一规定得到各国立法部门和国际机构的普遍认可,比如《华盛顿公约》《国际商会仲裁规则》等法律条款中也支持这一做法。当事人具有自主选择仲裁实体法的权利,以及选择其他国际公约法律规则辅助仲裁的权利,可选择的国际法律公约主要包括商人法、国际发展法和贸易管理等法律条款[1]。

当事人如果没有行使选择实体法的权利,仲裁机构就有权力选择与仲裁实体法最为相符的法律体系或规则。在一般情况下,仲裁机构会根据当事人

---

[1] 艾伦·雷德芬,马丁·亨特,等.国际商事仲裁法律与实践[M].第四版.林一飞,宋连斌,译.北京:北京大学出版社,2005.

默认的仲裁所在地的实体法进行仲裁。但仲裁法本身具有独立和灵活的特性，如果直接利用仲裁所在地的实体法进行仲裁，这将与仲裁法本身相违背。传统的仲裁地理论对实体法的选择依然没有太大的帮助，在实际仲裁时，大多会根据冲突规则来选择仲裁的实体法，这里需要注意的是选择哪一种冲突规则。在实际仲裁中，通常会依据作出仲裁国的冲突规则选择实体法，但也存在根据仲裁所在地的冲突规则选择实体法的特例，这说明实体法的选择具有一定的灵活性，这一特性与仲裁本身是一致的。

通过仲裁所在地理论选择实体法具有一定的优势，比如当事人在没有行使选择实体法权利的时候，仲裁机构有权力代替当事人依据所在地的法律制度来选择实体法，这也说明了当事人默许了这一行为，其对仲裁所在地的法律条款并不反感和排斥，当事人认为所在地的法律能作出公正的裁决，否则就会自行选择实体法来完成裁决。在英美等国，实体法的默认选择大多是仲裁所在地以及当地的冲突规则，而东欧国家对这一做法也表示认可。

大多数当事人选择仲裁所在地的出发点往往是从最低的仲裁成本达到最利于自己的仲裁结果为目的而选择的。由此可以看出所在地的选择与仲裁程序法存在很大的关联性，但对实体法的选择影响不大。在他国进行仲裁，首先要尊重该国的法律体系，当实体法的选择与该国冲突规则产生冲突时，要优先服从该国的冲突规则，但这并不代表实体法的选择不重要，而恰好是尊重他国法律体系的表现，最终裁决结果的公正性并不会受到该国冲突规则太大的影响。其实仲裁机构并不一定非要司法机关参与，只要当事人双方能够达成协议就可自行解决问题，这与该国解决纠纷的冲突规则是相符合的。在众多国际仲裁实践中可以看出，以往根据所在地冲突规则来选择实体法的行为逐渐被更加灵活多变的准则所代替，只有当事人没有行使实体法的选择权时，才会根据冲突规则来默认实体法。综上所述，实体法的选择受到仲裁所在地的影响非常有限，对于当事人双方来说，其在他国进行国际商事仲裁时也要充分尊重他国的法律体系，如果选择不尊重，那么其裁决结果可能会出乎自己的预料，也可能会带来许多不必要的风险和麻烦。

第三节 仲裁地法院的监督

在纠纷处理中,仲裁行为的出现是解决当前司法无法解决的纠纷的一种形式,且具有一定的制度化特征。因此需要借助法院监督的形式,监督其执行过程。此处提到的监督是从广义的角度进行分析的,因此既包括了法院对其作出的控制与审查,也包含了对其给予的帮助与认可。依照其性质,仲裁实质上可以作为一种契约看待,当事人是赋予仲裁庭权利的主体,从司法上来说,仲裁庭并不具有一定的司法强制力。所以在进行仲裁时,一方面没有必要的物质手段为其仲裁行为的发生提供保障,另一方面也没有相应的权利对最终的仲裁有效性作出认可。依照公平的角度对仲裁所含有的价值进行分析,法院监督的出现,既可以对武断的仲裁行为起到监管作用,尽可能地维护其公平性;仲裁执行的效率还可以得到提高。以法院为主导的监督行为能够帮助最终仲裁在其效力性上有一定的依据可循,此外在仲裁过程所需要进行的相关程序中,在法院的介入下也能够更加顺利地进行,对于财产保护、执行效力等问题,也能够起到较好的保护作用。

在处理国际仲裁案时,由于其案件牵连的国家数量较多,在对这些问题进行处理时,各个国家可能都会得到与该案件有关的监督权利。而与本案件牵涉最深的国家法院在对仲裁问题进行监督时,所给予的监督也最为广泛,同时案件的实际进程受到该法院影响的可能性也会更大。

一、对仲裁协议的监督

在法律介入过程中,仲裁协议的签订是标志该仲裁行为得以正式启动的关键,也是案件审理过程中仲裁庭获得权利的主要方式。对于境内已进行或者是即将进行的各类仲裁案件在审理时,仲裁地法院需要对该仲裁协议的有效性进行判定,以防止仲裁庭在对该案件进行管理与接收时出现争议问题。但对于司法监督这一行为,其是具有被动性的,只有当事人依照自己的需求提出申请之后,法院才能够在既定的范围内进行监督。

在对给出的仲裁协议效力有异议时,当事人可以主张向当地法院或者仲裁庭提出异议申请。依照管辖制裁原则,但凡当事人提出请求,仲裁庭都需要对当事人所提出的请求内容进行再次审查，并给出最终结果。但这一结果并不具备最终的法律效应，所以假如遇到对仲裁结果不服的行为时，依旧可以通过申诉的方式向当地法院提出申请，使其作出最终的裁决。

对于仲裁监督行为的发生，既可以在仲裁提出之前，也可以在仲裁行为进行之中，同样也可以在仲裁发生之后。例如某一方当事人依照自己的诉求向仲裁庭提出仲裁，而另一方则同时向法院提起诉讼，并主张该仲裁无效，则表明当前的仲裁活动不能正式启动；仲裁申请尚未提出，其中一方当事人则向法院主张该仲裁无效。此外还有一种情形为仲裁正在进行或者已经开始，而此时一方当事人就目前该案件向法院提起诉讼，法院应当对当事人所提出的意见进行受理，并且立刻终止当前的仲裁协议效力的鉴定。假如当前的仲裁裁决已经给出，但是当事人对当前仲裁庭的权利范围以及该协议的有效性依旧存疑，则还可以向仲裁地国法院提出请求撤销当前的裁决。同样也可以向承认或者是认可该裁决效率的法院提出拒绝申请。依照《纽约公约》中的相关规定，对于裁定结果为无效的制裁协议，法院可以拒绝该裁决的执行。

在监督仲裁协议时，从其法律的角度出发，首先要对当事人的意思自治加以尊重，假如双方当事人对当前仲裁协议的效率已经给出了相应的准据法，那么仲裁庭以及法院需要依照当前的准据法为基础，对其效力进行判定。而这一认知也成为国际上公认的原则之一。在《纽约公约》中有规定，在对仲裁协议的有效性问题进行判断与审查时，需要将当事人所作出的选择作为主要的判断依据使用。但就实际事件而言，当事人双方就仲裁协议效力的法律选择问题所给出明确答案的事例并不多。尤其是以合同的形式对当前仲裁协议所选用的具体法律作出详细约定的事例更是少之又少。而在对这些事件进行处理时，使得仲裁程序法与实体法在运用过程中无法确定到底应该使用哪一项适应法对其仲裁协议进行效力确定。贸然使用某一国家的法律，对当前的仲裁协议进行效率认定显然是不合适的，并且所得出来的结果也各不相同。例如很多国家对仲裁问题进行解决时，大多数是通过征求双方当事人的意见来对仲裁协议的有效性进行判定的，假如双方都同意使用仲裁的方式解决问题，则表明该仲裁协议有效。但不排除有一些国家必须要求当事人出具书面形式的仲裁协议，而问题在于每个国家对于"书面"的理解与定义又是不一样的。我国在使用仲裁协议时，对其文件形式的要求极为严苛，并且对该协议生效所需要满足的条件作了多项规定。在具体实践中，一般会以裁决地国的法律为基础，对其效力问题进行说明。

一些国家由于对仲裁协议的适用法并未作出详细的规定,他们则会通过主合同所选用的准据法为基础,对其效率问题进行判定,例如瑞士[①]。最合理的选择还是以仲裁地法为基础更为恰当。

首先,学术界认为仲裁条款具有一定的独立性。即便这一条款是以主合同为基础,但是在其约定的过程中,它是以救济途径为基础,使其商事权利在其中得以行使的单独条款,因此不可以将其与主合同混为一谈。

其次,鉴于仲裁协议具有一定的特殊性。依照"最密切联系"原则,应当对仲裁行为发生的地区进行了解,将当地的具体法律规范作为准据法的主要参考依据。此时我们需要注意的是,主合同所关联的密切联系点与仲裁协议所对应的密切联系点可能并不一致。即使在部分结果处理中,将主合同中所依据的准据法作为其主要依据使用,那么其所主张的理由也是以一致的最密切联系地为基础的,并非是将二者进行混合后所遵循的准据法。

最后,从裁决结果的执行性和有效性上进行分析,适用仲裁地法是最为稳妥的一种选择结果。按照《纽约公约》中的有关规定,假如裁决地国当前的法律并不对其仲裁协定的有效性表示认可,那么其他国家的法院也可以拒绝认可该裁决。上述说明并非对仲裁的法律效力的否认,而是从另一个角度对必须遵守仲裁地法律的认可与尊重。如若不使用这种方式对其加以约束,则极有可能出现当事人将裁决撤销的行为,从而使裁决的效力以及执行力被削弱。

二、对仲裁程序的监督

在仲裁程序进行进程中,仲裁地国是仲裁所需司法协助和支持最多的国家[②],这些监督使得仲裁能有效地顺利推进。

(一)对仲裁庭组成的监督

通常情况下是由仲裁协议双方当事人自己约定或依照当事人选择的仲裁规则来选任仲裁员组成仲裁庭。但因为对仲裁庭组成条款的理解分歧,或者以不配合对方主动积极的组成仲裁庭来反对、拖延仲裁的推进等原因,

---

[①] 杨良宜,莫世杰,杨大明.仲裁法:从1996年英国仲裁法到国际商务仲裁[M].北京:法律出版社,2006.

[②] 赵健.国际商事仲裁的司法监督[M].北京:法律出版社,2000.

可能会出现仲裁庭组成或仲裁员选任的困难,因此会造成纠纷悬而不决,增加当事人的时间成本。应另一方当事人的请求,法院有权对此予以协助。

1999 年《瑞典仲裁法》第 14 条规定:"如对方当事人未能在规定的期限内委任仲裁员,经另一方当事人请求,地区法院应委任仲裁员。"《国际商事仲裁示范法》(下简称《示范法》)第十一条也列明了当事人对仲裁员的委任未达成协议时,经当事一方请求,法院应作出相应决定。

此外,即使仲裁庭已顺利组成,但为了体现对当事人自主权的尊重,为了保障仲裁公正价值,国内、国际立法普遍允许当事人就对仲裁员有异议向法院提出申请,请求该仲裁员回避。如果仲裁员有收受当事人贿赂、徇私枉法等行为,不仅违背了仲裁员的职业道德,更会直接影响案件是否能公正地审理,有效平息纠纷,保持有序的社会秩序。

(二)协助取证

仲裁的审理过程重在对事实的查明和对证据的认定,这也是作出裁决的法律基础。一般遵循谁主张谁举证,当事人应该根据自己的诉求提供充分的证据。但实践中可能出现证据为第三人持有、证据可能被藏匿、灭失以后难以取得而需要采取强制措施,由于仲裁庭没有强制性权力,当事人或仲裁庭就需要获得法院的协助。各国法院一般允许当事人向法院申请采取证据保全措施或者命令证人作证,如 1988 年《保加利亚国际商事仲裁法》第 9 条的规定。有些国家则对法院协助取证规定了限定条件,如英国就规定只有经仲裁庭的准许或者其他当事人同意,并在特定情况下才适用。《示范法》第二十七条也作了"在仲裁庭同意之下"的条件。

(三)协助财产保全

在仲裁正式开始前或审理程序进行中,一方当事人可能为了减少对方当事人的证据说服力,提高自己胜诉的概率,避免败诉后对自己财产执行所带来的经济损失等目的,而采取隐匿、转移、变卖财产等手段。为了保护相对方的利益,在仲裁开始前或进行中,仲裁庭或法院应该可以实施查封、扣押、责令保管或出售特定标的物。由于仲裁庭是当事人意思自治成立的,不具有对公私财产任意处置的公权力,这就需要仲裁地法院的介入,涉及该法院决定是否需要采取保全措施以及保全措施的具体实施。通常是否需要采取保全措施的决定是由仲裁地法院来认定的,《示范法》第 9 条就规定了"在仲裁程序进行前和进行时,任何一方当事人请求法院采取保全措施和法院准予采取此种措施,都与仲裁协议不相抵触"。而对于保全措施的具体实施,就主要有赖于财产所在地的司法机关。如果需保全的标的物位于仲裁地以外的国家,则需要该国法院依据其国内法或相关双边或多边条约来进行。很多情况下,当事人出于审理的方便,会直接选择案件标的物或某一方财产所在地仲裁,此时保全地就是仲裁地。

三、对仲裁裁决的监督

仲裁的目的就是获得一个基于公平理念作出的裁决,并以此裁决对双方当事人的权利和义务再分配,从而平息利益纷争。为保证裁决不会出现严重错误,各国法院对在本国境内作出的裁决拥有监督权,主要是指对于仲裁程序中违反法律或仲裁规则的情况应当事人申请,法院有权撤销仲裁裁决。

根据《纽约公约》第五条规定,有权对国际商事仲裁裁决行使撤销权的法院为裁决地法院或者裁决所依据法律的国家的法院,裁决被撤销将被申请承认和执行法院作为拒绝承认和执行的理由,此处的"法律"是指仲裁程序法。在实践中,除了少数情况下当事人会对仲裁程序法作明示选择,多数时候为仲裁地法。《示范法》第三十六条也将裁决被撤销作为拒绝承认或执行的理由,并在第三十四条表明撤销是对仲裁裁决唯一的追诉方式,其具体的理由包括:仲裁协议当事人无行为能力或仲裁协议无效、仲裁违反正当程序、仲裁庭无权或越权裁定、仲裁程序违反约定或法律、争议事项不可仲裁、裁决违反公共政策。

大多数国家也对在本国境内作出的裁决具有撤销权,但有个别国家作了不同规定。1985年《比利时司法法典》认为,如果仲裁协议的当事人为自然人并均不具有比利时的国籍或居所,或者不是比利时的法人,或者在比利时未设有机构或营业所,比利时法院不受理对在比利时作出的仲裁裁决申请撤销的诉讼。《瑞士联邦国际私法》第一百九十二条也规定了一定条件下法院将会丧失撤销裁决的权力。这些情况是很少见的,而且通常规定了一系列前提条件,适用范围极为有限,可以说,没有哪个国家会完全放弃对在其境内作出的裁决的撤销权。

第四章
国际商事仲裁中仲裁机构的法律功能

第一节 仲裁机构的国籍与仲裁裁决国籍的界定

一、针对仲裁机构国籍与仲裁裁决国籍关系的不同观点

本节研究的重点在于仲裁裁决所属的国籍以及与仲裁机构国籍之间所存在的关联,以及作出裁决的国籍是否会受到裁决机构的影响。依照我国《民事诉讼法》中的具体要求,仲裁机构当前所属的国籍能够对最终的裁决国籍带来影响,作出仲裁的机构所属的国籍,也就代表了该裁决所属的国籍。

但依照详细规定可知,裁决类型之间的差异会使得执法监督方式之间也存在各种不同;而我国在进行仲裁裁决监督时所作出的相关规定以及管理是最为严格的,它既涵盖了实体程序,又将其涉外裁决所包含的监督程序包含在了其中;与此同时,在对裁决审查时,无论是对国内还是对国外的审查管理都具有较高的撤销权,但是在外国仲裁裁决中,其只具备认可与不认可裁决的权利,无法对其进行撤销。

务实与理论界所得出的一致观点表示:假如最终作出仲裁裁决的国籍确定为进行该裁决的裁决机构所属国籍,那么就相当于对其裁决机构权力的进一步强化,从当事人意思自治方面来说,这一事实显然与其相悖。在上文中我们提到当事人所明确指定的仲裁机构只是对其仲裁庭作了仲裁权利的认可,并非将相应的权利直接赋予仲裁机构。但若将仲裁决定的国籍与仲裁机

构所属的国籍进行结合并确定,显然侵害了当事人意思自治的权利。随着国际商事仲裁的发展,大量的数据表明在对仲裁裁决国籍进行确定时,以仲裁机构所属国籍为标准进行分类这一行为所表现出来的实际价值极低。

但还有部分学者认为,我国在仲裁制度方面的规定并不完善,在具体行为落实时,大多数的准则还是以国际仲裁规则作为标准。这样做的目的是一方面能够便于管理,另一方面还能够对当前混乱的市场行为加以规范。但就实际实施现状而言,遇到的问题还较多[①]。

二、仲裁裁决国籍的界定标准

(一) 国际上关于仲裁裁决的界定标准

目前国际上关于仲裁裁决的界定标准有以下几类:

(1) 仲裁机构标准:我国《民事诉讼法》有相关规定,以仲裁机构为标准来界定外国仲裁裁决的国籍的;

(2) 德国和法国采用非内国标准来判断商事仲裁裁决的国籍;

(3)《承认与执行外国仲裁裁决公约》(下称《1958年纽约公约》)规定,其主要采用地域标准与非国内双重标准;

(4) 地域标准:地域标准对于仲裁裁决的国籍界定快速明确,因此许多国家采用该标准;

(5) 复合标准:印度、泰国采用复合标准,即将地域标准与当事人国籍标准重叠使用。

(二) 我国对仲裁裁决国籍界定标准的理论分析

关于仲裁裁决国籍的标准在我国目前的仲裁相关法律中并没有明确规定。而我国研究仲裁的相关学者,根据立法者的表面意思及实践案例的倾向,判断是根据机构的国籍来确定裁决的国籍。最高人民法院曾在复函中表明:"国际商会仲裁院(下称 ICC)作为法国的仲裁机构,其作出的裁决应当属于法国的国内裁决,因此对于该裁决应当适用的是《纽约公约》,而不是《最高人民法院关于内地与香港特别行政区相互执行仲裁裁决的安排》(下称《安排》)的相关规定,对所涉及的仲裁裁决进行司法的审核与调查。"该复函将

---

① 韩德培.国际私法[M].北京:高等教育出版社,2007.

ICC在中国香港作出的仲裁裁决不认定为中国香港仲裁裁决,而认定为法国仲裁裁决,曾经在仲裁的理论与实务界引起广泛讨论,从而引发一场以仲裁地为标准还是以仲裁机构为标准来认定仲裁裁决的国籍的争论。

正因如此,最高人民法院还特地作出《最高人民法院关于香港仲裁裁决在内地执行的有关问题的通知》,该通知中表明:"当事人向人民法院申请执行在香港特别行政区做出的临时仲裁裁决、国际商会仲裁院等国外仲裁机构在香港特别行政区作出的仲裁裁决的,人民法院应当按照《安排》的规定进行审查。不存在《安排》第七条规定的情形的,该仲裁裁决可以在内地得到执行。"该通知明确了仲裁裁决国籍的标准是以仲裁地,而不是仲裁机构所在地。这种做法是顺应国际商事仲裁的大趋势的。

综上所述,关于以仲裁地标准来确定仲裁裁决国籍的这一做法是更为合理的,其意义更是使得我国仲裁制度符合国际商事仲裁的潮流。在仲裁协议效力的判断方面、我国仲裁制度的前进方向以及撤销或不予执行仲裁裁决等都是与仲裁地息息相关的,而与仲裁机构所在地的连接很弱。

第二节 仲裁机构与仲裁管辖权的确定

一、仲裁管辖权与仲裁机构的关系

在处理特定的国际商事纠纷问题时,仲裁庭能够对该案件作出相应的裁决。不仅如此,仲裁庭所作出的决定,从法律角度上来说,对于双方当事人都有一定的约束性。因此可以看出,具体的仲裁管辖权是赋予了仲裁庭的,而非仲裁机构,该项权利的取得可以通过以下两个方面获得:①当事人直接赋予的权利;②法律保障下给予的权利。

但还有一部分观点则认为实施仲裁管制权的主体应当是仲裁机构。原因在于对各种纠纷案件进行处理时,当事人所提出的仲裁申请必须交由仲裁机构之后才能够对其仲裁同意与否这一问题进行确定。仲裁机构在整个过程中只是拥有了相应的审查受理权,而并非获得了当事人所给予的仲裁管辖权,原因在于:

(1) 当前的仲裁程序尚未开始。在实际案件发生后,当事人需要将仲裁意见提交给仲裁庭,在其受理之后,即表明仲裁程序开始[1]。

(2) 仲裁机构所拥有的权利只有对整个程序的管理权,但是并不具备仲裁管辖权。在对案件处理的过程中,仲裁机构并未直接参与到审查过程中,只是判断该仲裁协议是否能够运用于此次审查。在当事人提出仲裁申请之后,仲裁机构如若表明该案件可以受理,但仲裁庭不认可,则也有权利拒绝对该案件进行受理。原因在于其仲裁的条件要求在该案件中并未找到使其成立的要素。反之,假如仲裁庭表明该案件可以受理,那么即使仲裁机构不同意申请人所提出的仲裁要求,但在其当事人的强烈要求与坚持下,仲裁程序依旧可以正常进行[2]。

(3) 当事人是在自我意愿的引导下选择的仲裁庭,所以在对纠纷案进行审理时,它具有直接审查权。而在处理这一问题时,各个国家也有相关的法律为

---

[1] 杨玲.论仲裁的程序管理[J].南通大学学报(社会科学版),2012,28(3):56-62.
[2] 乔欣.仲裁权论[M].北京:法律出版社,2009.

其提供支撑,所以在实际实践中,仲裁案件的审查也是直接由仲裁庭负责的。

总的来说,只有仲裁庭才拥有仲裁管辖权,仲裁机构只是拥有审查立案的权利。虽然在审查前期关于仲裁协议的效力与否问题需要交由仲裁机构决定,但是这并不意味着最终的仲裁管辖权也同样归于仲裁机构所有。该权利最终的使用主体依旧是仲裁庭[①]。

二、仲裁管辖权异议的提起

国际商事仲裁管辖权异议是指一方提起仲裁申请后,另一方向法院、仲裁机构或仲裁庭提出"仲裁协议无效",要求认定仲裁庭无权裁决案件。仲裁管辖权异议的提起可能发生在仲裁庭审理案件的过程中,或者是在后期对于裁决的承认和执行当中。当事人提起异议的依据可能是认为仲裁庭对于该案件无权管辖,或者是认为仲裁庭的裁决范围超出了双方约定的仲裁协议,属于越权行为。

三、仲裁机构决定仲裁管辖权引发的问题

(一)仲裁机构决定仲裁管辖权异议超越权限

在仲裁实践中,若仲裁庭对纠纷无管辖权,其作出的裁决是可以不被承认的。因此获得仲裁管辖权是仲裁程序得以顺利进行的首要条件,也是仲裁庭的裁决能够被执行的基础。仲裁机构在仲裁过程中仅仅起到协助作用,而非行使仲裁权利。真正行使仲裁权利的是由当事人选定仲裁员组成的仲裁庭。也就是说仲裁机构并不具备对仲裁管辖权争议的审查和判定,也无权对当事人之间需要仲裁庭开庭处理的纠纷进行审理。仲裁机构在仲裁实践中不负责案件审理,若由其来判定仲裁协议的效力,是不合情理,也是不合法的。仲裁员接受当事人的委托,有权决定自己的权限。因此若仲裁机构决定仲裁管辖权异议当属越权行为。

(二)仲裁机构决定仲裁管辖权不符合管辖权原则

仲裁庭从开始审理案件直至作出判决,这一过程不受法院相关诉讼程序的影响,享有判决自己管辖权的权利。"管辖权"原则已经被除中国以外的绝

---

① 谢新胜.国际商事仲裁程序法的适用[M].北京:中国检察出版社,2009.

大多数国家法律及仲裁机构采纳,在国际仲裁实践中也得到了广泛运用。依据该原则,仲裁庭决定管辖权,对当事人之间的争议纠纷具有审查和裁决的权利。反之,若由仲裁机构而不是仲裁庭直接决定仲裁管辖权会导致仲裁程序的中断,从而严重影响仲裁效率,不利于我国《仲裁法》的发展。

任何一个仲裁案件,都有可能会发生在仲裁开始时当事人对仲裁庭是否具备管辖权提出异议的情况。在面临质疑时,仲裁员是应当立即停止仲裁,等待法院给出是否具备管辖权的最终裁定,还是应该继续进行仲裁?对此法律并没有明确的规定。我们可以设想,如果仲裁员自身无法对管辖权异议作调查和裁定,而是不得不把争议提交给有权作出判决的法院来解决,就会白白浪费时间和精力,降低仲裁效率。因此仲裁员理应有权对自己审理的案件中出现的管辖权纠纷问题进行调查和裁定,从而决定是否要继续仲裁流程。其目的并不是为了能够对双方当事人产生任何约束力,因为仲裁员本就没有约束当事人的权限,这样做是为了解决他们在遇到当事人提出管辖权异议时是否应该继续进行仲裁流程的问题①。到这个时候,现代意义上的"管辖权"原则初步形成。在此原则下,国际仲裁事业不断向着成熟和完善发展。

---

① 施米托夫.国际贸易法文选[M].赵秀文,译.北京:中国大百科全书出版社,1993.

第三节　完善仲裁机构在我国国际商事仲裁法律功能的建议

一、仲裁机构应当多元服务

在实践中，仲裁机构的法律功能应当进行清晰的定位，与仲裁庭和法院的功能权限要相互区别开来，不能将属于仲裁庭与法院的权利交由仲裁机构来行使。除此之外，仲裁机构的服务应当多元化，不能仅限于仲裁程序。中国国际经济贸易仲裁委员会（英文简称"CIETAC"，下称"仲裁委员会"）成立最早，承担着境外商事仲裁机构的交流与合作，参加国际商事仲裁会议，积极地发展我国仲裁制度等方面的重任。

目前"一带一路"倡议合作范畴不断扩大，仲裁委员会正在积极地通过仲裁等多元争议解决方式来处理政府与社会资本合作（PPP）争议，为如今层出不穷的各种纠纷与争议提供国际化的解决方式，为"一带一路"的实施提供服务。除此之外，仲裁委员会在解决争议过程中，也注重促进当事人和解与调解，并将这种方式贯穿仲裁全程。

将来的仲裁机构提供的服务应当不能仅限于仲裁相关事务，还应当多元服务，但是该服务不能越俎代庖，试图取代法院和仲裁庭的功能。

二、放开法律服务市场

目前中国法律服务市场正在不断加大开发的程度，国际商会仲裁和替代争议解决委员会等国外机构开始进入中国仲裁市场解决争议。对于国外机构在中国境内作出的仲裁裁决，中国法院是否能够根据《纽约公约》，将其视为"非国内仲裁"予以承认和执行，目前还暂无明确的立法规定，但我们可以从法院的判例中窥见一斑，我国法院已经转变了态度，从最初拒绝承认和执行转变为认可[1]。

虽然法律没有明确规定，但在2013年北京朝来新生体育休闲有限公司申请承认和执行外国仲裁裁决案的裁定中，可见我国法院认为当事人约定将不

---

[1] 张烨.论防止仲裁的诉讼化[D].北京:对外经济贸易大学,2007.

具有涉外因素的案件,提交境外仲裁的,该仲裁条款被认为是无效的。我们可以看到,随着我国法律服务市场的进一步开放,我国法院及相关机构对境外仲裁机构进入我国仲裁市场进行仲裁市场的态度放松缓和,使得外国仲裁机构能够更加便利地进入中国市场。

三、增强仲裁机构的市场化程度

对于我国目前的仲裁机构而言,其最大的弊端是具有浓厚的行政色彩,要想增强其市场的程度,去除行政化,有以下方式可供选择:

(1)仲裁机构先由市政府组织有关部门和商会统一组建,并解除与行政机关的隶属关系。

(2)作为独立的事业单位法人,在仲裁机构组建成立之后,要通过市场的竞争来锻炼增强自己的实力,通过良好的服务和公正的仲裁活动来增加自己在市场上的可信度和美誉度,而不是依靠行政机关来进行扶持或帮助[1]。

(3)在此基础上,使仲裁机构在各个方面都脱离行政机关的掌控,成为完全市场化的民间社会团体法人。

四、确立仲裁庭的自裁管辖权

仲裁机构应将权利归还于仲裁庭,由仲裁庭裁定仲裁管辖权。我国仲裁法的立法和实践中,管辖权均是仲裁机构和法院来裁定的,而非仲裁庭。笔者认为,仲裁机构的国籍决定了其只能处理日常的行政事务和组织工作,而让仲裁机构裁定仲裁管辖权是不妥的,在仲裁管辖权的裁定上,仲裁机构可以起到一个传递的作用,而不能是决定的作用。

五、修改我国仲裁机构的相关法律条文

我国《仲裁法》与《法律适用法》对仲裁机构都有相关的规定,关于仲裁机构的法律功能在我国立法层面规定十分模糊,因此应当对相关的条文进行修改,明确界定我国仲裁机构的法律功能,这对我国仲裁事业的发展也是十分有利的。

立法上,首先,我国法律应当明确仲裁裁决的国籍界定标准,应当采用仲裁地标准,如果不能统一界定标准,在法律的适用上会非常模糊,各级法院在

---

[1] 宋朝武.中国仲裁制度:问题与对策[M].北京:经济日报出版社,2002.

适用时也会混乱,使得法院的判决丧失公信力;其次,仲裁机构不能够决定管辖权异议,管辖权异议是当事人提出的,仲裁庭的管辖权是当事人选定从而给予的,法院的管辖权来自公权力,因此仲裁机构是没有权利决定管辖权异议的;最后,仲裁机构所在地法这一概念模糊,不能作为法律适用[①]。

在司法实践中,对仲裁机构的法律功能进行清晰的定位,有利于仲裁庭在裁决中和法院在判决中正确地适用相关法律。

---

① 赵秀文.论《纽约公约》裁决在我国的承认与执行——兼论我国涉外仲裁立法的修改与完善[J].江西社会科学,2010(2):155-163.

第五章
我国商事仲裁机构改革探索

第一节 我国商事仲裁机构仲裁员选聘制度

仲裁员是指参与并主持仲裁庭审程序,对双方当事人之间的财产权益纠纷进行审理并居中作出裁决的人[①]。通说认为,仲裁员存在广义和狭义两种理解。广义的仲裁员是指符合《仲裁法》规定的资格条件,经过仲裁机构的聘任程序选聘并载入仲裁员名册的人,这样的人被称作某仲裁机构的仲裁员。狭义上的仲裁员是指由当事人按照一定的程序在仲裁员名册中依法选定的,或由仲裁机构依法指定的,对某一具体案件具有裁决权的人,称为某一案件的仲裁员,这一过程也称为当事人对仲裁员的选定。本节所论述的仲裁员选聘制度是指广义上的仲裁员,即仲裁机构对仲裁员的选聘。我国商事仲裁机构仲裁员的选聘工作,也是各仲裁机构依据我国《仲裁法》的规定并基于自身实际展开的。

一、制度规定

(一)仲裁员的任职资格

我国《仲裁法》对仲裁员应具备的道德条件和专业条件进行了区分。

---

① 蔡虹,刘加良,邓晓静.仲裁法学[M].第二版.北京:北京大学出版社,2011.

2017年9月1日,全国人大常委会会议通过,对《仲裁法》中仲裁员资格条件部分进行了修改,对仲裁员资格进行了完善[①]。

1. 仲裁员道德品质的判断标准

我国《仲裁法》第十三条规定,仲裁员必须"公道正派",这是对仲裁员职业道德品行的规定。道德本身就是个十分抽象的概念,通说认为,道德属于社会意识形态,是人们在日常生活及行为中所遵守的准则和规范,主要通过社会或舆论对人们起约束作用。

仲裁案件在审理过程中秉持不公开审理的基本原则,当事人通过仲裁机构事先发放的仲裁员名册选择仲裁员,但仲裁员名册上通常只载有仲裁员姓名、学历学位、擅长专业等板块,未向当事人展示仲裁员的道德素质,比如仲裁员对先前裁决的案件是否胜任、是否按期作出裁决、裁决书质量是否符合要求等,这些信息由仲裁机构相关职能部门来掌握,争端双方无法通过官方渠道了解仲裁员的相关履职信息。可见,仲裁员道德素养的情况掌握在仲裁机构手中,因此仲裁机构在聘任仲裁员时应该事先建立严格的道德标准,在《仲裁法》的规定之下进行细化,量化仲裁员的道德评价指标。

2. 对仲裁员专业条件的要求

仲裁工作本身对专业性的要求就非常严格,仲裁也以其专业性强作为特色之一,仲裁员对纠纷进行居中裁决,而到仲裁机构申请仲裁的纠纷又具有多样性,难易程度不一,需要仲裁员具有专业的纠纷解决能力。

第一,通过国家统一法律职业资格考试取得法律职业资格,从事仲裁工作满八年的。《关于完善国家统一法律职业资格制度的意见》明确,法律类仲裁员也要像法官、检察官、律师等一样,必须通过国家法律职业资格考试。"从事仲裁工作满八年"是指申请人在担任仲裁员之前有八年的仲裁工作经验,丰富的仲裁工作经验可以更深入地了解办理仲裁案件的流程、性质和特点等,比如按照要求快速准确地作出裁决,提高裁决书质量以减轻仲裁秘书的工作量,同时还能提高自己在仲裁机构获得的评价,在实质上正确把握行使仲裁权的方法,在细节上优化仲裁质量,促进纠纷得到高效公正的

---

① 我国现行《仲裁法》第十三条:仲裁委员会应当从公道正派的人员中聘任仲裁员。仲裁员应当符合下列条件之一:(一)通过国家统一法律职业资格考试取得法律职业资格,从事仲裁工作满八年的;(二)从事律师工作满八年的;(三)曾任法官满八年的;(四)从事法律研究、教学工作并具有高级职称的;(五)具有法律知识、从事经济贸易等专业工作并具有高级职称或者具有同等专业水平的。

解决①。

第二,从事律师工作满八年的。从事律师工作满八年之后才能够担任仲裁员是一项较为严格的规定,但严格规定较长时间的工作经验对于专业性要求较高的仲裁工作而言也无妨。律师经过长期的实践考验,具有更强的实务分析能力和解决实际问题的能力,对纠纷的驾驭能力更强,专业性也强,能够及时有效地弥补仲裁庭专业知识不足的漏洞,更好地把握纠纷解决进度,使纠纷能被高效率解决。

各国仲裁立法针对律师能否担任仲裁员的规定不同,例如西班牙、瑞士、德国②,其法律规定律师可以担任仲裁员,并且瑞士还要求当事人不得约定禁止律师担任仲裁员。律师作为仲裁员需要注意回避问题,当首席仲裁员或独任仲裁员是律师事务所主任,而当事人选择的律师隶属于该所时,则该仲裁员应当回避。

第三,曾任法官满八年的。2017年对仲裁员任职资格的修订中,将此条款中的"审判员"改为"法官"③。若当事人选择了现任法官担任仲裁员,此选择也无效。可以担任仲裁员的要求是曾经担任法官,并且担任法官的时间必须满八年。仲裁员与法官的性质虽然不同,但二者行使权利的方式相似,均是以法律为依据,对纠纷进行居中裁判,具有对庭审程序的掌控,行使审判、裁决、调解等权利。担任法官满八年拥有丰富的程序控制经验和审理经验,运用证据作出裁判和与当事人进行良好沟通的经验等,有利于纠纷得到正确高效的解决。

第四,从事法律研究、教学工作并具有高级职称的。法学类专家以及法律学者们长期从事法律研究与教学工作,具有深厚的理论功底和较强的解决问题的能力,能够比较清晰地分析仲裁案件的法律关系和当事人之间的权利

---

① 乔欣.仲裁法学[M].第二版.北京:清华大学出版社,2015.
② 《西班牙仲裁法》第十二条第二款规定:"当争议必须依法决定时,仲裁员必须是执业律师。"《瑞士联邦仲裁协议》第七条规定:"如果当事人在仲裁条款中规定,禁止律师在仲裁中担任仲裁员的,则该仲裁条款无效。"《德国仲裁协会仲裁规则》第二条第二款规定:"除非当事人另有约定,首席仲裁员或独任仲裁员应为律师。"
③ 最高人民法院《关于现职法官不得担任仲裁员的通知》规定:根据《中华人民共和国法官法》《中华人民共和国仲裁法》的有关规定,法官担任仲裁员,从事案件的仲裁工作,不符合有关法律规定,超出了人民法院和法官的职权范围,不利于依法公正保护诉讼当事人的合法权益。法官不得担任仲裁员;已经被仲裁委员会聘任,担任仲裁员的法官应当在本通知下发后一个月内辞去仲裁员职务,解除聘任关系。

义务关系,能够快速抓住案件争议焦点,发挥法学理论优势,厘清法律逻辑关系并正确适用法律法规解决疑难问题。同时,本条还要求这一类人必须具有一定的职称,职称符合法律规定时才能够担任仲裁员。

第五,具有法律知识、从事经济贸易等专业工作并具有高级职称或者具有同等专业水平的。我国商事仲裁机构受理较多的是国内外经济贸易纠纷,大多数国内外经济贸易纠纷当事人通过事先达成仲裁协议的方式选择仲裁作为纠纷解决方式,主要偏向点在于仲裁解决纠纷的保密性、高效性和专业性。许多贸易纠纷专业性强,如果不是相关领域的专家,则很难直接琢磨出其中的法律原理。同时,该类人员还需要具备一定的法律知识,以便在开庭时处理相关程序性问题。聘请此类专家作为仲裁员有利于巩固仲裁解决纠纷的专业性,对顺利解决纠纷具有积极意义。

《重新组建仲裁机构方案》第三条对国家公务员能否担任仲裁员的问题进行了说明[①],明确规定国家公务员可以有条件地担任仲裁员。此外,我国《仲裁法》并未对外国人能否担任仲裁员进行说明,只在涉外仲裁特别规定部分中明确涉外仲裁委员会可以聘任外籍仲裁员,但这些外籍仲裁员必须具有法律、经济贸易、科学技术等专门知识。随着社会的迅猛发展,经贸的国际化趋势越来越猛烈,允许外国人担任仲裁员也逐渐被我国各大仲裁机构接纳,这也是我国仲裁制度需要引起重视并逐步完善的主要内容。

(二)仲裁员的选聘程序

仲裁机构在完成对仲裁员的资格审查并予以确认后,对符合规定条件的人员,按照一定的程序完成选聘工作。我国仲裁员的聘任分为原始聘任和新增聘任。原始聘任是在仲裁机构尚未成立时进行的工作,是对仲裁员的拟聘请,待仲裁机构正式登记或经批准后,才成为一名正式的仲裁员。其聘请程序包括:由仲裁委员会筹建组与具备法定条件的有关人士取得联系,本人同意的,发给登记表,待仲裁委员会正式成立之后向拟聘请的仲裁员颁发证书。同理,新增聘任是指在仲裁机构成立后,由仲裁机构根据需要对仲裁员进行

[①] 《重新组建仲裁机构方案》第三条规定:国家公务员及参照实行国家公务员制度的机关工作人员如果符合仲裁法第十三条规定的条件,并经所在单位同意,可以受聘为仲裁员,但是不得因从事仲裁工作影响本职工作。

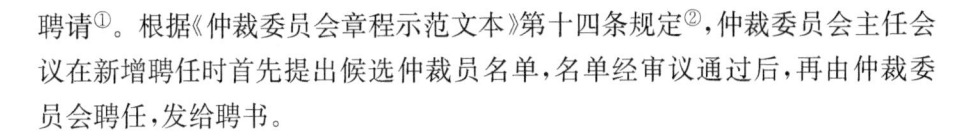

聘请①。根据《仲裁委员会章程示范文本》第十四条规定②,仲裁委员会主任会议在新增聘任时首先提出候选仲裁员名单,名单经审议通过后,再由仲裁委员会聘任,发给聘书。

(三)对仲裁机构聘任仲裁员行为的监督与管理

我国《仲裁法》第十五条规定③,中国仲裁协会的职能包括根据章程对仲裁委员会和仲裁员的行为进行监督。《重新组建仲裁机构方案》要求先重新组建仲裁机构,再以此为基础筹建中国仲裁协会。而自该文件下发之日起至今,仲裁协会依旧迟迟未成立,导致中国仲裁协会的内部监督职责无法履行,对仲裁机构聘任仲裁员也不能形成有效的制约机制,对聘任过程中存在的相关违法行为,不能进行监督和得到进一步的处理。

二、我国商事仲裁机构的具体操作规范

根据《仲裁法》第七十五条④的规定,各仲裁委员会有权利制定仲裁暂行规则。实践中,各仲裁委员会也按照法律规定制定了符合自身情况的仲裁规则,一方面展现了仲裁机构在前进中的探索精神,另一方面也集中体现了仲裁的自治性。本书通过对北京仲裁委员会(以下简称北仲)、中国国际经济贸易仲裁委员会(以下简称贸仲)、青岛仲裁委员会(以下简称青仲)和重庆仲裁委员会(以下简称重仲)四家仲裁机构的《仲裁员聘用管理办法》进行分析,对仲裁员资格以及仲裁员的选聘程序进行研究。

(一)对仲裁员任职资格的要求

北仲为促进仲裁机构良好向前发展,吸引更多有学识有才华、品德高尚之人担任仲裁员,以提高仲裁质量,对仲裁员任职资格进行了细化。北仲《仲裁员聘用管理办法》第二条规定,以《仲裁法》第十三条为基础,申请人还应该

---

① 杨艳芬. 仲裁员聘任与选定过程中的若干问题探析[J]. 天水行政学院学报,2011,12(03):92-96.
② 《仲裁委员会章程示范文本》第十四条规定:仲裁员名单由仲裁委员会主任会议提出,经仲裁委员会会议审议通过后,由仲裁委员会聘任,发给聘书。第二款规定:仲裁员的聘任期为3年,期满可以继续聘任。
③ 《仲裁法》第十五条第二款:中国仲裁协会是仲裁委员会的自律性组织,根据章程对仲裁委员会及其组成人员、仲裁员的违纪行为进行监督。
④ 《仲裁法》第七十五条:中国仲裁协会制定仲裁规则前,仲裁委员会依照本法和民事诉讼法的有关规定可以制定仲裁暂行规则。

诚实信用、认真勤勉、注重效率;具有一定的学历、资历,明察善断,能够组织仲裁的开庭和制作仲裁裁决书,年龄不满66周岁,特殊情况下可放宽至75周岁等①。

此外,北仲《仲裁员聘用管理办法》第三条还对不同职业、不同专业领域的申请人担任仲裁员应满足的条件进行了细化说明②。

贸仲秉持优化仲裁员选聘工作,加强仲裁员队伍建设的基本原则,根据我国《仲裁法》、贸仲和中国海事仲裁委员会《章程》等规定,以国籍为划分标准,将仲裁员分为中国籍仲裁员与外国籍仲裁员。中国籍仲裁员首先应满足我国《仲裁法》第十三条规定的条件,除此之外还应坚持独立、公正的办案原则,遵守仲裁委员会的规章制度;其次,应掌握一门以上的外语,并能将其作为日常参加仲裁工作的语言。在此基础上,外籍仲裁员还应具有法律、经济贸易等方面的专业知识和实际工作经验,并掌握一定的中文知识,拥护仲裁委员会章程以及其他规定③。

青仲没有专门的仲裁员聘任规定,其《仲裁员管理办法》第二章第四条规定,仲裁员除了应符合我国《仲裁法》第十三条规定之外,要能够保证从事仲裁工作的时间;受聘时年龄在65周岁以下;执业律师要求必须具有本科以上学历,法律专业,并且在律师行业工作十五年以上,具有丰富的民商事办案经验,在行业中具有良好的信誉、较高的专业水准;退休、离职法官的学历和专业与执业律师相同,要求曾担任法官十五年以上,具有民商事审判工作经历,退休、离职不超过三年,在业界具有良好的信誉、较高的专业水准等。外国籍及我国港、澳、台地区人士,在上述条件之外,还应当熟悉中国的法律、法规,具备丰富的仲裁实战经验,在时间和精力上准备充分。此外,青仲还可以另行规定办法聘任荣誉仲裁员、特聘仲裁员④。

重仲与青仲相似,没有制定专门的仲裁员聘任规定,而是在《仲裁员管理办法》中以专章对仲裁员的选聘进行规定。其第二章第八条规定:申请人在我国《仲裁法》第十三条规定的条件外,还应在某一行业或者领域具有较高的权威性或知名度;能够运用信息化办案系统办案;具有较强的语言文字表达

---

① 北京仲裁委员会《仲裁员聘用管理办法》第二条。
② 北京仲裁委员会《仲裁员聘用管理办法》第三条。
③ 中国国际经济贸易仲裁委员会《仲裁员聘任规定》第二条。
④ 法律教学、研究工作者,经济贸易等其他专业工作者等要求,请参见青岛仲裁委员会《仲裁员管理办法》第四条。

能力;工作时间充裕;年龄不超过65周岁,特殊专业人才原则上不超过70周岁。重仲规定的否定性条件包括:申请者应未被司法机关追究过刑事责任,未受过与所从事职业相关的行政处分或者行业惩戒。第九条对不同职业和专业领域的仲裁员规定了应满足的其他条件[①]。

中国香港特别行政区、中国澳门特别行政区或者中国台湾地区人士及外国人士要求必须系该地区或者该国仲裁机构在册的仲裁员;需报经批准的,应按有关规定办理相应手续。办理涉外案件的仲裁员应熟练掌握一门或多门外语,能够利用外语进行庭审;办理涉外仲裁案件的经验丰富等[②]。

通过对上述仲裁机构对仲裁员资格的要求进行分析可知,各仲裁机构对仲裁员资格的要求在具体操作规范中既有相同之处,也存在机构自身的特点。在对仲裁员资格要求上存在的共同点在于都遵循《仲裁法》第十三条对仲裁员资格的规定,并都在此基础上提出了不同的要求。不同之处在于:北仲和重仲对不同职业、专业领域的仲裁员资格在《仲裁法》的基础上额外作出了规定,对其应具备的学历、工作经验以及职称等提出了具体要求;贸仲以国籍为标准对仲裁员资格进行了界定,因其为我国法定可以对涉外纠纷进行裁决的仲裁机构,故其更加注重对语言能力的要求,规定中国籍仲裁员需掌握一定的外语能力,外国籍仲裁员需具备一定的中文能力;青仲规定可以特别方法聘任荣誉仲裁员、特聘仲裁员,并且把从事律师、经济贸易等工作的时间年限在仲裁法八年的基础上增加到十五年以上。可见,上述四家仲裁机构对仲裁员资格的规定都十分严格,从学历、职称、工作经验和时间等的要求上均能看出,这也是我国对仲裁员资格施行严格资格模式的主要证明。

(二)仲裁员选聘程序的具体操作规范

北仲《仲裁员聘用管理办法》第五条对仲裁员的选聘程序作出了规定[③],要求填写申请表,提供相关证明资料,证明该申请人具备相关任职经历和资格的资料,并保证信息的真实性和准确性。北仲办公室将对以上资料进行初步审查,再由纪律委员会进行资格审查;通过后,报北仲委员会会议讨论。若

---

① 重庆仲裁委员会《仲裁员管理办法》第九条。
② 重庆仲裁委员会《仲裁员管理办法》第八条、第九条。
③ 北京仲裁委员会《仲裁员聘用管理办法》第五条。

决定聘任,则向申请人发聘书,并完成后续手续。

贸仲《仲裁员聘任规定》第三条规定,申请人应当提交申请书、简历、书面推荐意见、所在单位的书面意见等材料,并应该确保所提供材料的真实性和准确性[①]。由仲裁委员会秘书局对申请人提供的书面材料进行初审,再由仲裁员资格审查考核委员会进行审查;若通过审查,再提交仲裁委员会主任会议审核。若审核通过,表明符合仲裁员聘用条件,由仲裁委员会发给聘书,报中国国际商会备案,并在有关报刊上公告[②]。

青仲根据自身实际工作需要,按照不同专业选聘仲裁员。其《仲裁员管理办法》第五条规定,申请担任仲裁员应提交的书面材料包括:申请书;符合申请条件的各项有效证明;所在单位出具的个人品行鉴定材料及意见;专业学术成果;要求的其他材料。

青仲《仲裁员管理办法》第六条规定了仲裁员遴选程序:申请人填写仲裁员申请登记表,连同本办法第五条规定提交的材料报办公室先进行资格审查;通过审查的,进行聘前培训和综合素质测试;由其办公室或者委托其他机构对列入考察对象的人员组织考察;考察完成后,对拟聘为仲裁员的人选,由其办公室提请全委会议审议决定;全委会议审议通过聘任的,向其颁发聘书和仲裁员证,将名单列入其仲裁员名册,并向社会公告。

重仲《仲裁员管理办法》第五至七条,第十至十六条[③]对仲裁员的选聘程序进行了规定,明确了对仲裁员的选聘实行考试与考核相结合的办法,整个选聘程序包含公告、申请、初审、培训、考试、遴选、聘用共七个流程。申请人

[①] 中国国际经济贸易仲裁委员会《仲裁员聘任规定》第三条。
[②] 中国国际经济贸易仲裁委员会《仲裁员聘任规定》第四条。
[③] 重庆仲裁委员会《仲裁员管理办法》第五条:仲裁员的选聘实行考试与考核相结合的办法。第六条:仲裁员选聘程序包括公告、申请、初审、培训、考试、遴选、聘用。第七条:本会决定启动仲裁员选聘工作,应当提前一个月通过本会官网和相关网站等向社会发布选聘公告。第十条:申请人应当通过本会官网下载、填写《重庆仲裁委员会仲裁员申请表》,并附与本办法第八条、第九条规定相符合的证明资料,提交本会初审。申请人应保证提交资料的真实性、合法性和准确性。第十一条:市内的申请人经初审符合条件的,应当参加本会组织的培训及考试,考试合格的,纳入遴选范围。市外其他仲裁机构的仲裁员经该仲裁机构推荐或者市外的资深专家经自荐,可直接纳入遴选范围。第十二条:本会根据仲裁工作需要,对经考试合格的申请人,按照不同职业、专业领域合理确定仲裁员所占的比例进行遴选,以实现各专业领域仲裁员的均衡分布,满足专业化办案需要。第十三条:通过遴选的申请人,纳入仲裁员拟聘名单,由本会委员会审议通过后聘用。第十四条:本会决定聘用的,应当发放聘书,并将其姓名、专业信息录入信息化系统,列入仲裁员名册,建立仲裁员档案。第十五条:经考试合格但未被本会聘用的申请人,在本会届中增聘时,经本人申请,可以直接纳入遴选范围。第十六条:仲裁员的任期与委员会任期相同,自聘用之日起至该届委员会届满之日止。

填写申请表后,经初审符合条件的,参加重仲组织的培训及考试,考试合格的,才能纳入遴选范围。市外其他仲裁机构的仲裁员经该仲裁机构推荐或者市外的资深专家经自荐,可直接纳入遴选范围。根据仲裁工作需要,对经考试合格的申请人,按照不同职业、专业领域合理确定仲裁员所占的比例进行遴选,通过遴选的申请人,纳入仲裁员拟聘名单,由重仲委员会议审议通过后聘用。

在仲裁员的选聘程序上,各仲裁机构存在的共同点在于:都需要提供书面证明材料,证明其具备要求的资格,填写申请书或申请表,再由仲裁机构进行审查并决定是否予以聘任。不同之处首先体现在提交的资料上,贸仲要求申请人提供必要的书面推荐意见,特殊情况下可不提交;青仲要求申请人必须提供所在单位出具的个人品行鉴定材料。其次体现在审查环节上,北仲和贸仲的审查流程大致分为对提交资料的初审、资格审查和委员会会议或者主任会议讨论决定是否聘任三个环节;青仲在全委会议讨论决定是否聘任之前加入了聘前培训和综合素质测试环节,相比前者对仲裁员的审查更为全面;重仲在选聘程序中加入了考试环节,考试合格才能继续参加后续考核,相比之下能初见对仲裁员资格的实质性审查,但无论哪一个仲裁机构的仲裁员选聘程序都还不够全面。

通过分析可知,上述仲裁机构在选聘程序上都较为注重对仲裁员提交的书面材料等作形式审查,极少涉及对仲裁员是否具备制作裁决书能力、掌控庭审进度能力以及与当事人进行交流等需要仲裁员实质性具备的能力进行审查。但实践中,也有个别仲裁机构逐渐开始关注仲裁员的综合素质或者通过考试来考察仲裁员的个人能力。

第二节　我国内地引入境外商事仲裁机构的必要性研究

境外商事仲裁机构参与中国仲裁市场的竞争主要可以通过两种方式：第一，境外商事仲裁机构直接在我国开设常设机构，承揽我国内地的相关仲裁业务。这种方式的结果是境外商事仲裁机构直接和我国内地的仲裁机构进行竞争，通过这一方式在我国内地仲裁市场进行竞争。第二，境外商事仲裁机构出于种种原因（例如某国的未准入他国的境外商事仲裁机构或出于经济上的考虑等）选择不在我国内地设立常设机构，但依然将我国作为仲裁地点（仲裁规则或者当事人的约定导致我国内地成为仲裁地）。此处需要特别强调，本节以第一种方式为研究视角，分析我国内地引入境外商事仲裁机构的必要性和可行性。所以本节提到我国内地引入境外商事仲裁机构时都特指境外商事仲裁机构在我国内地设立常设机构的情形。

一、我国内地引入境外商事仲裁机构的现状

就境外商事仲裁机构参与我国内地仲裁市场竞争的方式，早前已经有学者进行过研究。有学者认为，境外商事仲裁机构可以通过两种方式加入我国内地的仲裁市场竞争当中。第一，它们可以直接在我国开设常设机构，承揽我国内地的相关仲裁业务（一般是涉外案件），通过这一方式直接与我国内地的仲裁机构进行竞争。第二，它们亦可以选择不在我国境内开设常设机构，但是通过当事人在仲裁协议中约定，或者通过仲裁规则的指引，以我国内地作为仲裁地点[1]。严格来说，如果将仲裁视为一种服务，参照《服务贸易总协定》第一条的规定（仲裁是否属于《服务贸易总协定》规制的服务贸易在此暂且不论）[2]，那么境外商事仲裁机构还可以通过其他方式受理我国内地当事人的案件，而不仅仅局限于前述两种方式，譬如境外商事仲裁机构的仲裁庭在

---

[1] 赵秀文.中国仲裁市场对外开放研究[J].政法论坛,2009,27(06):69-78.
[2] 《服务贸易总协定》第一条第二款："本协定所称服务贸易，谓：(a)由一会员境内向其他会员境内提供服务；(b)由一会员境内对其他会员境内之消费者提供服务；(c)由一会员之服务提供者以设立商业据点方式在其他会员境内提供服务；(d)由一会员之服务提供者以自然人呈现方式在其他会员境内提供服务。"

其所在国/地区通过在线等方式向在我国内地的当事人开庭,以及受理我国内地当事人为仲裁一方当事人的案件但仲裁地不在我国内地等情况。在我国内地仲裁学界和实务界,讨论得比较多的是前述两种方式,也是实践中最常见和具有研究价值的两种方式。

但需要强调的是,本节是以第一种方式为研究视角,分析我国内地引入境外商事仲裁机构的必要性和可行性。本节如有提及我国内地引入境外商事仲裁机构指的皆是境外商事仲裁机构在我国内地设立常设机构的这一情形。

(一)我国内地引入境外商事仲裁机构相关的实践

虽然我国内地无论是立法、司法还是行政部门对于我国内地的仲裁市场的开放都没有给予过直接的官方的回应,但是近几年来,我国内地确实在积极尝试允许境外商事仲裁机构在我国内地设立常设机构。

1. 允许境外商事仲裁机构入驻上海自由贸易试验区

2015年国务院发布《进一步深化中国(上海)自由贸易试验区改革开放方案》(以下简称"《深化改革方案》")。根据该《深化改革方案》,境外商事仲裁机构可以入驻中国(上海)自由贸易试验区。《深化改革方案》中的上述规定,在公布之初就引起了仲裁理论界和实务界的强烈关注,被视为我国对外开放商事仲裁服务的突破。从相关文献显示,已有三家境外商事仲裁机构在中国(上海)自由贸易试验区设立代表处[1]。但是,经进一步收集目前的最新资料,笔者发现目前在中国(上海)自由贸易试验区设立办事处的境外商事仲裁机构共三家,即中国香港国际仲裁中心上海代表处、韩国大韩商事仲裁院上海代表处(显示迁出)和新加坡国际仲裁中心上海代表处。从以上结果可知,目前仅有三家境外商事仲裁机构在上海自贸区设立了代表处,数量十分有限。仍有不少国际知名的商事仲裁机构因为种种原因未入驻中国(上海)自由贸易试验区,使得中国(上海)自由贸易试验区引入境外商事仲裁机构的实践效果仍有较大的进步空间。

此外,目前实践中,这些境外商事仲裁机构在中国(上海)自由贸易试验区设立的代表机构的业务范围十分有限,譬如韩国大韩商事仲裁院上海代表

---

[1] 刘晓红,王徽.论中国引入境外商事仲裁机构的法律障碍与突破进路——基于中国自贸区多元化争议解决机制构建的几点思考[J].苏州大学学报(法学版),2016,3(3):10-17.

处和新加坡国际仲裁中心上海代表处"从事与隶属外国(地区)企业有关的非营利性业务活动"。这样的安排意味着前述三个境外知名商事仲裁机构的代表处在我国内地被允许从事的合法行动十分有限,暂不能在我国内地开展仲裁实践。

虽然目前此类代表处还不能在内地管理案件、开展仲裁,但它们在我国内地开展了一系列的活动。以香港国际仲裁中心上海代表处为例,其设立时间为 2015 年,是境外商事仲裁机构在中国(上海)自由贸易试验区设立的第一个常设机构。香港国际仲裁中心上海代表处成立之后,协助香港国际仲裁中心于 2018 年发起了一些新的倡议,例如中国内地首次"HKIAC Annual Lecture";组织一系列培训项目;启动面向学术机构的推广计划;以及在中国内地建立第一个"仲裁女性俱乐部"。此外,香港国际仲裁中心上海代表处的副秘书长兼上海代表处首席代表还代表 HKIAC 在各类活动中演讲,并组织了在上海举行的 HKIAC 仲裁员系列培训等。这一系列的活动有助于提高境外商事仲裁机构在我国内地的影响力。

目前入驻中国(上海)自由贸易试验区的商事仲裁机构还未能在我国内地受理和管理案件,有关境外商事仲裁机构入驻的规定和实践也还有种种不足和局限,但是它拉开了境外商事仲裁机构(而不只是香港仲裁机构)进入我国内地的序幕,引起社会各界的广泛关注,其积极意义应被充分肯定。

2. 允许国际知名商事争议解决机构在北京设立代表机构

2017 年 7 月,国务院批复同意在北京市服务业扩大开放综合试点期内扩大开放综合试点,批准国际知名商事争议解决机构在符合京津冀协同发展战略总体要求的前提下,在北京设立代表机构。这是继中国(上海)自由贸易试验区引入境外商事仲裁机构之后的又一创举。这一举措的创新之处在于,相比之前的在特定区域,譬如前海深港现代服务业合作区和中国(上海)自由贸易试验区这些范围较小的特殊区域内尝试引入境外商事仲裁机构,该规定允许尝试在北京市范围内引进境外商事仲裁机构。这样的尝试意味着在更大的范围内(甚至在全国范围内)引入境外商事仲裁机构成为我国内地仲裁市场开放的方向之一。

3. 在前海深港现代服务业合作区引进香港仲裁机构

作为境外知名的仲裁机构——香港国际仲裁中心的所在地,香港在商事仲裁方面积累了非常丰富的经验。我国内地也针对香港的仲裁机构制定了优惠政策,以借鉴香港在仲裁方面的先进的经验。这是我国内地目前可以公开查到的首次引入境外商事仲裁机构的尝试,代表了我国内地引入香港仲裁机构的积极尝试。但遗憾的是,引进的结果不甚理想,报道寥寥。原因之一在于,香港和深圳在地理位置上相距不远,内地的当事人完全可以无障碍地将案件提交至香港国际仲裁中心;在前海的当事人如果希望能通过香港仲裁机构解决问题,那么就没有必要在深圳进行仲裁,可以直接到香港将案件提交给香港仲裁机构。

4. 尝试建立仲裁机构间的合作

除了在中国(上海)自由贸易试验区等特殊区域尝试允许境外商事仲裁机构设立常设机构,我国内地的一些仲裁机构也在中国法学会的组织下,尝试与其他国家的仲裁机构进行一定程度的合作。譬如,中国法学会统一协调并组织我国内地的北京仲裁委、上海国际仲裁中心和深圳国际仲裁院与南部非洲仲裁基金会、南部非洲仲裁员协会、非洲替代性争议解决中心四方签署合作协议,建立中非联合争议解决机制,通过这种联合加强与国外的商事仲裁机构之间的联系以促进我国内地商事仲裁机构的发展。中非联合仲裁上海中心成立之后,中非联合仲裁北京中心成立。相关资料显示,这几大中心共同致力于为中非国际商事争端方提供专业高效的仲裁和调解等法律服务。

目前中非联合仲裁上海中心、北京中心、深圳中心、内罗毕中心和中非联合仲裁约翰内斯堡中心等五大中心的组织形式和业务范围相关的文件未对社会公众公开,但经笔者向这几个机构咨询了解到,目前中非联合仲裁北京中心、上海中心以及深圳中心的定性以及这些中心与北京仲裁委、上海国际仲裁中心和深圳国际仲裁院的关系还不明确。这三个中心沿用了政府部门"一套班子两块牌子"的方式,名为"中非联合仲裁××中心",但实则为北京仲裁委员会、上海国际仲裁中心和深圳国际仲裁院。它们亦没有单独设立的仲裁规则和可供当事人选择的单独的仲裁员名单(当事人可以选择这些中心作为仲裁机构,但是默认适用北京仲裁委、上海国际仲裁中心和深圳国际仲裁院的仲裁规则)。

虽然严格来说,中非联合仲裁北京中心、上海中心和深圳中心实质上并不能称为独立的仲裁机构,与前海深港现代服务业合作区、中国(上海)自由贸易试验区和北京市引入境外商事仲裁机构有所区别,但是这一实践是我国内地以境内仲裁机构和境外商事仲裁机构建立仲裁合作的积极尝试,或许假以时日,我国内地商事仲裁机构联合境外商事仲裁机构以"合资"的方式在我国内地设立商事仲裁机构会成为现实。

（二）我国内地引入境外商事仲裁机构相关实践的特征

如前文所述，我国内地在引入境外商事仲裁机构方面进行了多方面的积极尝试，这体现了我国内地在对于引进境外商事仲裁机构方面积极尝试的态度，对我国内地引入境外商事仲裁机构具有重大的意义。为了更全面且深入地理解我国内地的这些创新举措，笔者将这些举措的特征总结如下。

1. 我国内地积极尝试引入境外商事仲裁机构

近年来，出于国内外商事仲裁实践的需要，商事仲裁服务出现了在世界范围内流通的实践。前述的我国内地引入境外商事仲裁机构的创新举措标志着我国内地对于商事仲裁（机构）的定性定位发生了一定程度的变化。

这样的变化虽然并未从实质上改变我国内地主流的商事仲裁立法和实务中认为商事仲裁不属于国际服务贸易范畴的观点，但是这种变化在一定程度上挑战了前述观点，为将来引入可以在我国内地开展商事仲裁活动的境外商事仲裁机构带来可能。笔者相信，星星之火可以燎原，出于实践的需要，将来我国内地很可能会出现越来越多的类似实践。

2. 我国内地仅在特定区域引入境外商事仲裁机构

如前所述，我国内地仅在中国（上海）自由贸易试验区和北京市内尝试引入境外商事仲裁机构。笔者认为，结合我国内地目前仲裁的立法和实务实践对于仲裁的定性和定位，这种谨慎的做法比较妥当。

此外，这种在特定区域引入境外商事仲裁机构的实践也在逐步进行创新和突破，展现出一种可喜的变化：从仅允许引入香港仲裁机构到允许引入国际知名的商事仲裁机构，从前海深港现代服务业合作区到北京市。这样的变化说明我国内地正在逐步摸索引入境外商事仲裁机构的可行方法。

3. 相关规定大多仅为原则性规定

《深化改革推进北京市服务业扩大开放综合试点工作方案》和《关于建立"一带一路"国际商事争端解决机制和机构的意见》等中有关引进境外商事仲裁机构的规定大都属于原则性的规定，仅规定我国内地（在某些区域）鼓励引入境外的商事仲裁机构，但是这些商事仲裁机构该如何设立并如何运营，都还没有相应的后续法律性文件进行规定。在配套的细化规定出台之前，此类规定在实践中可操作性不强，容易让正在观望的境外商事仲裁机构萌生退缩之意，降低我国内地对境外商事仲裁机构的吸引力。

此外，在这样的背景下引入的境外商事仲裁机构在组建和运营过程中并没有进一步的具有可操作性的法律性文件作为依据，容易出现法律地位不明、经营范围不清的问题，让这些机构处在比较尴尬的处境，也极大地影响了引入的境外商事仲裁机构在我国内地发挥对我国内地商事仲裁的促进作用。

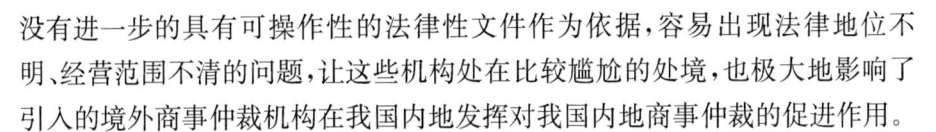

4. 引入境外商事仲裁机构后续进展缓慢

受到我国内地主流仲裁和实务实践中对于商事仲裁的定性定位的影响，虽然有前述的创新规定，但是我国内地引入境外商事仲裁机构的实践后续进展比较缓慢。

例如，在中国（上海）自由贸易试验区入驻的境外商事仲裁机构仅有3家，且这些机构都还不能在我国内地进行仲裁，而前海深港现代服务业合作区和北京市的后续进展报道寥寥。之所以后续进展比较缓慢，或许是我国内地还在探索引入境外商事仲裁机构而有意为之的结果，但不得不承认，这样的进度极大地限制了我国内地引入境外商事仲裁机构的进程。

二、我国内地引入境外商事仲裁机构的必要性分析

目前，很多境外商事仲裁机构有着较强的竞争力，如果我国内地允许它们在我国内地设立常设机构甚至受理和管理仲裁案件，那么我国内地的商事仲裁机构将面临较大的竞争压力。譬如，纵观全球仲裁市场，伦敦具有无可争议的领先地位，其作为国际仲裁中心的实力可见一斑。此外，新加坡被评为全球"最理想和最安全的仲裁地"。再者，除了新加坡之外，亚洲许多仲裁机构也有着不可忽视的实力，它们在国际商事仲裁市场上有着强大的竞争力。

在这样的背景之下，即使目前境外商事仲裁机构仅被允许在某些特定区域内设立常设机构，这些常设机构的业务范围也十分有限。但是在实践中，这些境外商事仲裁机构以其强大的竞争力吸引了很多我国内地的当事人，并受理了不少我国内地的当事人的仲裁案件。

我国内地持续高速增长的仲裁市场也极大地吸引了国际仲裁机构，但比较遗憾的是，国际商会的仲裁却不能在中国进行。境外仲裁机构在我国境内进行仲裁已是必然趋势。结合国际知名商事仲裁机构的实力及其对于进军我国内地仲裁市场的强烈愿望，可以预测，这些境外商事仲裁机构一旦在我国内地设立常设机构甚至开始受理和管理仲裁案件，结果必然会对我国的仲裁机构造成很大的压力，未来我国内地仲裁市场的竞争激烈程度可见一斑。这种可预测的结果让我国内地具有国际视野和进军国际商事仲裁市场的仲裁机构和个人具有强烈的危机感。

基于本节的分析，笔者认为，结合我国目前在大力主张发展"一带一路"建设的大背景，并且与沿线国家建立广泛的联系，实现经贸往来，形成稳定的合作关系。而这些国家大多数是《纽约公约》缔约国，在"一带一路"沿线国家的法制相差甚大的背景下，未来仲裁必然是一种被优先选择的争端解决方式，然而"仲裁是我国当前争端解决机制的最大短板"。因此，让我国内地尽快地提高其竞争力，从而提高将来我国在"一带一路"沿线的争议解决乃至在"一带一路"全局建设中提高话语权以最大程度保护我国（国家、企业和个人）的权益，成了我国目前的迫切需要。不可否认，我国如果允许境外商事仲裁机构在我国内地设立代表处等常设机构，必然会导致国内的竞争压力加大，甚至带来冲击我国内地商事仲裁行业的风险。但是，因噎废食终究不是长远之计，与境外商事仲裁机构竞争是提高我国内地仲裁机构的有效途径，问题只在于何时引入境外商事仲裁机构，以及以何种方式引入境外商事仲裁机构。

三、设立常设机构：并非开放仲裁市场的唯一路径

境外商事仲裁机构可以通过多种方式直接或者间接受理我国内地的主体为一方当事人的案件，引起争议主要有两种途径[①]，本节将分析讨论这两种路径及其利弊，以判断我国内地允许境外商事仲裁机构在我国内地设立常设机构的必要性。当然，需要注意的是，这两种方式并非截然对立的，只是如果境外商事仲裁机构可以通过不设立常设机构的方式受理我国内地当事人的案件，势必会影响其在我国内地设立常设机构的积极性。

（一）路径一：允许境外商事仲裁机构在我国内地仲裁

引入境外商事仲裁机构并非我国内地开放仲裁市场的唯一选择。目前，在司法实践中，法院虽然未对仲裁市场的开放作出直接回复，但已经有案件涉及该问题，例如在旭普林公司案中，当事人协议决定将案件提交至国际商会仲裁院。我国内地法院认为此案中当事人选择国际商会仲裁院的仲裁协议无效。法院的理由是根据《仲裁法》相关的规定，有效仲裁协议应该约定仲裁委员会，而在本案中，当事人选择将案件提交给国际商会仲裁院仲裁。

---

① 第一，它们可以直接在我国开设常设机构，承揽我国内地的相关仲裁业务（一般是涉外案件），通过这一方式直接与我国内地的仲裁机构进行竞争。第二，它们亦可以选择不在我国境内开设常设机构，但是通过当事人在仲裁协议中约定，或者通过仲裁规则的指引，以我国内地作为仲裁地点

因为国际商会仲裁院不是我国《仲裁法》中规定的"仲裁委员会",所以视同当事人未指定仲裁机构。鉴于以上情况,考虑该仲裁条款无效。

此后,有法院通过认定选择境外商事仲裁机构的仲裁协议的有效性允许境外仲裁机构对我国内地的涉外案件进行仲裁,以及法院承认与执行此类仲裁裁决的案例。

(二)路径二:允许境外商事仲裁机构在我国内地设立常设机构

如前文所述,允许境外商事仲裁机构入驻我国内地确实不是我国引入境外商事仲裁机构的唯一选择,但是结合我国内地目前的立法实践中对于仲裁机构的态度,允许境外商事仲裁机构入驻我国未必不是一个可行的、切合实际的选择。

一直以来,我国内地出于对仲裁制度的不信任等原因,对仲裁机构有加强管控的历史和意愿。这种需求和意愿,在仲裁实践中,一方面导致了仲裁机构的行政化现象,另一方面也导致了仲裁机构不恰当干涉仲裁庭的结果,导致其仲裁功能受到影响。譬如,根据我国相关法律规定,仲裁机构(而非仲裁庭)是管辖权异议的决定主体之一(另外一个主体是法院)。这一规定与国际的立法实践不符。对此,各国往往会在立法中采取"管辖权—管辖权"原则。有学者认为,"中国几乎是没有采用这一原则的唯一国家"。还有学者认为,"我国仲裁机构法律功能的不断扩张已成为阻碍我国仲裁法制进步的瓶颈"。仲裁机构对仲裁庭法律功能不恰当干涉,从某种程度上看,正体现了行政部门通过仲裁机构对于仲裁庭的管理和监督能力和意愿。如果我国内地允许我国内地的当事人选择将案件提交境外商事仲裁机构并厘清相关的障碍,则我国内地将会在一定程度上失去对境外商事仲裁机构的管理和监督,这样的结果恐怕比较难以被我国内地的相关部门接受。

具体而言,根据我国内地与仲裁相关的立法,我国内地相关部门对于仲裁的管理和监督主要体现在组建仲裁机构、认定仲裁协议的效力、撤销仲裁裁决以及在当事人申请承认与执行仲裁裁决的程序中进行司法审查等方面。我国内地通过允许境外商事仲裁机构在我国内地设立常设机构这一方式最关键的是能够实现对仲裁机构的管理和监督。

我国内地对仲裁机构的管理和监督的体现之一就是组建仲裁机构的权力,以及由此带来的一些隐形的管理和控制。根据《仲裁法》(1994)第十条规定,仲裁委员会由市人民政府组织有关部门和商会统一组建。这一规定在事实上给相关政府部门在仲裁机构的组建之初为仲裁机构的管理提供了法律依据,并由此导致各地政府部门在实践中对于仲裁机构隐形的管理和控制。此后,更是加大力度,贯彻和落实相关法律,更好地管理仲裁机构。1995年国务院再次下发文件(《重新组建仲裁机构方案的通知》),虽然未对仲裁机构进行定性,但指出要参照事业单位管理仲裁机构,这就意味着在实践中相关部门是按照管理事业单位的方式在管理仲裁机构。在这一系列文件的影响下,我国内地的仲裁机构一直因行政化严重被诟病。在这样的背景之下,仲裁委员会的成员由各部门的工作人员共同构成。其中主要的人员来自政府,他们本身是属于政府的工作人员;有一部分人员来自法院,他们本身是属于系统内的行政人员;有的是来自高校,一般是法学院的领导,主要为院长;还有一部分来自工商联合会,大多由会长担任;除此之外还有一些退休官员,退休前在政府工作。有些仲裁委员会是由政府部门行政首长组成,他们大多数是政府高官,行政权力相对较大。从这些人员构成的情况来看,不难发现我国仲裁机构存在行政化的问题,多种因素充斥其中,发挥着各种影响。在我国内地仲裁发展的历史上,我国政府有关部门享有过仲裁相关立法中规定的组建仲裁机构的权力,以及由此带来了一些隐形权力。如果境外商事仲裁机构不需要在我国内地设立常设机构,却能在我国内地开展仲裁,那么我国内地的有关部门对这些仲裁案件和机构的管理和监督能力(无论是法律规定的还是隐形的权力)都将会缩减。

第三节　我国仲裁机构改革思路新探

一、供给侧改革的解读

自习近平总书记于2015年11月10日在中央财经领导小组第十一次会议上首次提出"供给侧结构性改革"起,"供给侧"一词即成为高频词汇进入人们视野。"供给侧"不是一个单独概念,与其相伴的是"需求侧",在经济学中从不可能拆分供给与需求单独而谈。"供给侧"与"需求侧"这两个概念来自19世纪初期法国经济学家萨伊提出的市场由供给自发调节的"萨伊定律"[①]与凯恩斯提出的需求决定供给的理论。西方经济学研究供给与需求关系变化及衍生是诸多经济学者所探寻的核心经济理论,不同经济背景下的供求理论有所不同,但无论何时,追求供求平衡,以期达到市场均衡是其共同目标。我国所提之供给侧改革并不是萨伊定律的复制或延续,但其逻辑轨迹仍是遵循经济学中的供给与需求理论。具体而言,供给侧改革是指在适度扩大总需求的同时,着力加强供给侧结构性改革,提高供给体系质量和效率,增强经济持续增长动力,推动我国社会生产力水平实现整体跃升。面对挑战,可基于两种不同的分析方法提出不同的应对策略:一是需求侧因素分析,即以凯恩斯理论为依据的以需求侧管理来刺激经济发展;二是供给侧因素分析,即从供给侧的视角,通过调控劳动力增量、资本增量(即投资)和全要素生产量(效率水平)来促进经济增长。然而,面对我国人口红利衰减、"中等收入陷阱"风险累积、国际经济格局调整等状况发现,我国的问题不再是总需求不足,而是供给的结构不能满足需求结构变化所带来的这种挑战。供给侧改革从宏观视角看,是通过调整供给能力的大小来框定实际经济增长水平;而从微观视角看,供给侧改革应基于行业中需求与供给平衡的考虑,把供给作为主攻方向,以达到适应需求或激活需求的目的。

我国提出的供给侧改革并不是完全等同于供给学派的供给决定论,而是适应和引领以结构性产能过剩的"供给失灵"这一经济新常态的改革路径,表

---

① 萨伊.政治经济学概论[M].陈福生,陈振骅,译.北京:商务印书馆,1997.

面上看似"需求不足"的经济表象,实际上却是供给结构与市场需求脱节造成的"供给失灵"。

在解析供给侧改革之后可见,我国目前之经济改革是从供给着手调整供给与需求的关系,以达供需平衡,从而促进经济发展。本书认为,我国仲裁机构的改革亦应遵照此思路进行。

二、供给侧改革之必要

供需不平衡的情况无疑分为三种:供大于需;供小于需;供需错位。前文对我国仲裁机构的服务供给与市场需求不平衡情况已经做了详细阐述,结合供需不平衡的具体情况来看,我国仲裁供给问题并不是前两种,而是第三种,即供需错位。所谓供需错位就是指供非所需,需不能供。目前我国仲裁机构也面临这样的问题,随着经济的发展,全球化进程的加快,仲裁市场加大了对专业化仲裁服务的需要,然而我国仲裁机构却未能即时作出调整,从而导致供需错位,例如前文所谈的多数仲裁机构的仲裁服务供给无法满足日益增长的高质量涉外仲裁服务需求就是一种典型情况。我们需要做的是从供给方面调整,即调整供给结构从而满足需求,具体而言就是资源配置的调整。

然而,调整仲裁的资源配置也并非无逻辑可循,诺贝尔经济学奖获得者库兹涅茨就对产业结构调整提出了一个演进模式,即"库兹涅茨式"产业结构演进。他指出,产业结构调整的核心和产业升级的关键,是资源从生产率较低的部门向生产率较高的部门转移,从而使经济整体的资源配置效率得以提高。本书认为,该理论可适用于仲裁机构改革,仲裁作为一种服务,其提供者也自然会在市场驱动之下试图完善自身服务,方向也应是从低效率向高效率,因此,在探讨仲裁机构的服务供给侧改革路径时,也应先考虑何种仲裁服务更能提高效率。

三、我国仲裁机构的服务供给改革路径——三维精细化发展

在科学认识了供求理论和分析了我国仲裁机构的服务供求失衡问题后,探寻解决方案,我国仲裁机构的服务供给改革路径显得至关重要。结合上述分析,仲裁机构的供给侧改革应遵循"库兹涅茨式"演进,从效率着手,从而改善整体仲裁机构的资源配置效率。仲裁机构可通过精细化的模式提高效率。所谓精细化,就是指仲裁机构应该有较细的分工定位,该分工并不是互相冲突、非此即彼的分工,而是每个仲裁机构应当有较为明确的市场范围,从效率

的角度调整我国仲裁机构的服务供给。亚当·斯密就非常认可分工所带来的好处,他认为,劳动生产力上最大的改进以及在劳动生产指向或应用的任何地方所体现的技能、熟练性和判断力的大部分,似乎都是分工的结果[1]分工能提高效率的最主要原因是分工能提高工作熟练度,而在仲裁中,精细化分工更能凸显仲裁的专业性。最好的例证就是作为特别仲裁成功实践的体育仲裁与普通商事仲裁相比,更强调效率,甚至在奥运会特别仲裁中要求仲裁庭作出裁决的时限是24小时。我国仲裁机构进行供给侧改革需要提高效率,而提高效率的路径是精细化发展。具体而言,应从三个维度进行精细化发展。

(一)纵向行业精细化发展

所谓纵向精细化,是指仲裁机构在发展中应当追求更精细的行业优势领域,即具有行业专业性。仲裁之所以在商事纠纷中能对当事双方有极大吸引力,除了其快速性之外,另一重要原因就是仲裁在处理商事纠纷时,相对于法院具有更强的行业专业性。为突出仲裁机构专业性,很多世界著名的仲裁机构都有专业划分甚至优势专业仲裁。我国仲裁机构也在实践中尝试推出更精细的专业服务。虽不一定采取特设领域内专门仲裁机构,纵向行业领域精细化发展是发展趋势,但也是改革供给以求满足需求的路径之一。

(二)横向定位精细化发展

横向精细化,即仲裁机构的业务定位应当明确,或者说有类型较为确切的案源群。仲裁机构的业务定位应该按照案件所需要的专业知识来确定。客观来讲,仲裁机构受理的案件因为各种原因会存在不同,将案件依据解决其所需的专业知识程度高低进行排序,可以将专业知识需要度高的称为高端仲裁业务;相反,将专业知识需要度低的称为大众业务[2]从供需理论来看,仲裁机构的产生源于特殊市场需求,其本就应该与特定的案源群密切相关,即有明确的业务定位。按此逻辑为起点可推知,仲裁机构应具备明确的业务定位,但中国的仲裁机构为吸引到更多案源,会采取扩大业务范围的方式推广业务,而不愿意精细化其受案范围。

---

[1] 亚当·斯密.国富论[M].唐日松,等,译.北京:华夏出版社,2005.
[2] 陈福勇.未竟的转型——中国仲裁机构现状与发展趋势实证研究[M].北京:法律出版社,2010.

宽泛而缺乏定位的业务范围并不一定意味着会吸引到大量的案源,反而会表现出仲裁机构并无优势。仲裁机构根据其特点按照案件所需专业知识精细化发展其优势领域是仲裁机构改革的可行之路。

(三)立体视角下人员精细化发展

纵向精细化发展和横向精细化发展都建立在仲裁员及仲裁机构工作人员精细化分工基础之上。目前,我国仲裁机构对仲裁员的聘请以及个案仲裁员指定更类似选任法官而非仲裁员,更重视其法律素养而相对忽视其专业能力。但精细化发展对仲裁中"专家"或"权威人士"的考量至关重要,所需要的"专家"或"权威人士"并不是笼统的法律专家,也不是某部门法专家,而是某行业、某领域或某类型案件的专家。仲裁员的精细化是精细化发展的前提,否则仲裁机构就无实现精细化的能力。仲裁员在仲裁中的关键性无可争议,仲裁机构工作人员在提供服务方面也应当精细划分。仲裁机构工作人员虽然并不直接裁决案件,但在仲裁中的作用也不可忽视。仲裁机构工作人员除了提供仲裁服务外,还肩负了仲裁监督职责,以保证本仲裁机构的办案质量。目前,仲裁机构工作人员的工作并没有因案件不同而作精细划分,其工作精细程度也未受到重视,但每一类仲裁案件所需要的仲裁服务并不完全一致,精细划分更有利于仲裁的针对性开展,让每一类仲裁案件都能得到更适合的仲裁服务。

四、仲裁机构精细化三维发展模式之建构

结合上述仲裁机构精细化发展的分析,建构仲裁机构精细化三维发展模式应当从以下几个方面进行。

(一)行业领域仲裁精细化

仲裁机构的纵向精细化需要在行业领域中有权威性,为此,行业仲裁成为近期国内讨论的热点。而行业仲裁也并非当下才兴起的仲裁制度,仲裁制度从14世纪开始就已经成为解决争议的重要方式之一,仲裁的初期建立就和行业密不可分,行业仲裁发源地英国倾向于建立保护性团体,制订行业规范,自行组织内部成员解决争议,并通过罚款和开除会籍等方式执行处罚。而我国仲裁机构由于成立的背景不同,因此其行业专业化并不能完全照搬行业仲裁制度。实践中,我国仲裁机构采取的方法是由各个仲裁机构设立特设仲裁

机构或按领域分别受理案件。这虽然是目前为止最便于实现的纵向专业化建构方式，但其中也存在问题。例如，仲裁机构毕竟不同于行业协会，而我国仲裁机构由于长期发展中受到严格监督和管理，导致其设置更具司法性而不具行业权威性。如果按照仲裁机构设立特设机构或按领域划分的方式建构仲裁机构纵向专业化最终仅为末学肤受。

从供给侧寻求行业领域精细划分，确立起仲裁机构自身在行业领域中的优势，可以采取与行业协会合作的方式，这里所说的合作是真正从仲裁内部合作，具体对策如下：

第一，与全国行业协会或地方行业协会共同成立专门仲裁特设机构。其具体模式可如金融仲裁院，但并不是某仲裁机构下设分支机构，而是仲裁机构直接与行业合作单设的仲裁机构，在仲裁事务方面应当独立于母体。

第二，建立精细化仲裁员审核制度。在各国仲裁制度中，无疑都强调仲裁员应当"独立"断案，其独立性要求仲裁员不仅独立于任何机构团体，也要求仲裁员应当与该案及该案当事方无任何关系。但若是从特设仲裁机构须具有行业权威性来说，仲裁员同样会是行业专业人士，也就难免会与当事人有过交往。在考虑仲裁员是否合适上，应当更关注其"公正性"而非"独立性"。只有在证明仲裁员的偏袒已给或可能给他方造成不公正的后果时才能对仲裁员进行指控[①]。

第三，确立行业仲裁裁决执行制度。仲裁机构的纵向精细化是为了追求当事人更信服的裁决，但信服这一心理因素是否实现赖于执行的物质因素是否落实，否则也会是一纸空谈。可以利用行业协会内部强制力保证仲裁裁决的自觉执行。由于企业会员志愿加入行业协会，并对其有一定依赖性，一旦发生仲裁裁决不予执行问题，可以利用行业协会的内部惩罚措施强制企业履行裁决，例如开除其会员身份，而不是一律将此问题推至法院解决。同时也要避免实践中常有的利用申请撤销仲裁裁决而拖延执行时间的情况。

（二）仲裁机构定位精准化

仲裁机构需要有较明确的案源层次定位以确定其自身的发展方向。与仲裁纵向行业化发展相对应的就是仲裁横向层次化发展，它们并不是二选一的对立关系，而是相互协调、相互补充的关系，也是同时进行的。有的仲裁机

---

① 邓杰.伦敦海事仲裁制度研究[M].北京：法律出版社，2002.

构由于其设立省市发达,而且设立时起点高,政府全额拨款,人事编制数量多、规格高,仲裁机构发展自然更容易,获得高端案源更容易;有的仲裁机构设立的省市政府无法提供全额拨款,甚至无法拨款,更无独立人事编制,而是挂靠法制办公室,该类仲裁机构基本无法获得高端案源。

笔者认为,仲裁机构的供给侧改革是全方位的,市场的需求并不仅限于高端业务,另有大量大众化业务的需求。例如,网上消费争议解决,既不需要过多行业专业知识,案情也并不复杂。高端也并不能成为仲裁机构精细化的唯一倾向,如果能专门从事某项大众业务,只要能做到精通于该类案件的仲裁也能提供有效供给。为满足市场的需求,市场已经孕育了新的解决方式。例如以淘宝为代表的电子商务平台,作为进行交易的企业和消费者之外的第三方,为用户提供在线争议服务,取得了令人满意的效果。然而,既有的以快速便捷为特色的仲裁却并没肩负起责任,虽然很多仲裁机构意识到互联网时代的革新,但在推出在线仲裁服务时并没有真正以市场为导向改革自身业务。

(三)仲裁员和仲裁工作人员的精细化

仲裁机构的精细化以仲裁员和仲裁工作人员精细化仲裁服务为前提。然而,目前我国仲裁机构却并未实现仲裁员和仲裁工作人员的精细化分工,不仅仲裁工作人员不会因案件类别不同采取不同的工作程序,而且在关键仲裁员聘任上也未进行足够的精细化专业划分。这源于我国仲裁机构仲裁员聘请制度存在不足。《仲裁法》第十三条规定,仲裁委员会应当从公道正派的人员中聘任仲裁员。仲裁员应当符合下列条件之一:①从事仲裁工作满八年的;②从事律师工作满八年的;③曾任审判员满八年的;④从事法律研究、教学工作并具有高级职称的;⑤具有法律知识、从事经济贸易等专业工作并具有高级职称或者具有同等专业水平的。

分析《仲裁法》关于仲裁员聘任的规定,可以看出以下几个问题:

首先,仲裁工作人员可以通过工作年限"升"为仲裁员。通过本节释解,仲裁员应当具有领域内的专业权威性。然而,仲裁工作人员——仲裁机构办事人员,能通过八年的工作"升格"成为仲裁员。显然仲裁工作人员无论是从事仲裁工作五年、八年或十年都仅是熟悉仲裁流程的仲裁专业人士,而不可能通过其仲裁工作成为该行业领域内的专业权威人士。

其次,对审判员和从事法律研究、教学工作人员的要求仅局限于年限,而忽略了审判和研究的专业方向。仲裁对仲裁员的要求和法院对法官的要求存在差异,仲裁除了要求具备一定法律知识外,更注重其专业能力,而《仲裁法》对仲裁员的要求却更似选举被深厚法律知识或精通法律实践的"准司法人士",而非精于领域的业内专业人士。

最后,缺乏有效的专业审核标准,盲目崇尚职称和工作年限。不可否认,我国因为其特殊发展历程,在很多领域,我国的职称认定并不一定和专业影响必然相关,而是依靠工作年限而定。但仲裁如果仅依赖职称和工作年限并不能在当事人心中形成权威,反而可能造成"准官僚主义"的压力。

针对上述问题,对仲裁员聘任可以从两个方面加以解决:

第一,仲裁机构仲裁员聘任可由行业协会推选,而不完全拘泥于《仲裁法》之标准。由于是否属于领域内专业人士很难从制度层面确切地定标准,因此,由行业协会选出业内专业人士更为合适,而不是片面依赖工作年限或职称来选任。

第二,引入仲裁员名册开放制。目前,我国仲裁机构一般都会以固定封闭的仲裁员名单形式供当事方选择,但在中国(上海)自由贸易试验区(以下简称"自贸区")仲裁创新中首次引入该制度。自贸区纠纷具有专业性强、国际性强和前沿性等特点,因此允许当事人在仲裁员名册外选择具有这些前沿领域知识经验的仲裁员,能在特定专业领域内提升仲裁本身的专业性[①]。而对于仲裁工作人员的精细化分工问题,主要通过精细化仲裁程序满足不同的仲裁需求。

在探讨仲裁机构供给侧结构性改革时,我们业已反复斟酌了仲裁机构供给侧结构性改革的现实方略。事实上,仲裁服务市场供求失衡的关键是有效供给不足,而仲裁机构供给侧改革的核心直指仲裁的精细化服务。学界不乏对于仲裁机制改革创新的探讨,而这些仲裁机制在功能目标上本来只是以不同的形式辅佐仲裁精细化之实现,以满足当下纠纷解决需求。与其一味不断探求新兴模式提供更专业的服务,不如从当今仲裁机构精细化发展模式建构予以考量。从根本上消除仲裁机构自身对行政权力的寄生惰性,将是否具有专业化服务能力作为其生存的必要条件,才能使其更完善。

---

① 袁杜娟.上海自贸区仲裁纠纷解决机制的探索与创新[J].法学,2014(9):28-34.

第六章
构建我国案例指导制度的探索

第一节 我国案例指导制度的发展与完善

案例指导作为一种法律现象,在我国的漫长历史中早已有迹可循,其作为一种有理有据的客观现实,存在和发展并不以人的主观意志为转移。我国自古以来便有重视"案例"的司法背景,在春秋时期,就有了"以事议制"的判例传统。中华人民共和国成立后,作为应对依靠政策进行案件审理所带来的司法问题的重要方法,案例指导的发展受到了高度的重视。自 2005 年始,最高人民法院就一直为案例指导制度的实施进行积极的调研和准备工作,并在其发布的《人民法院第二个五年改革纲要》中明确规定了"建立和完善案例指导制度",到 2010 年发布了《最高人民法院关于案例指导工作的规定》,使案例指导制度在我国得以被正式地确立下来。2020 年 7 月 27 日,最高人民法院再次发布《最高人民法院关于统一法律适用加强类案检索的指导意见(试行)》,进一步对案例指导制度在司法实践中的具体适用进行规制。截至 2021 年 5 月 10 日,最高人民法院已发布共 27 批 156 个指导性案例,最高人民检察院共发布 28 批 110 个指导性案例。我国作为大陆法系国家,案例指导制度在确立之时便具有我国独有的价值和功能,在对我国的案例指导制度进行分析时,需要结合我国国情,充分认识我国案例指导制度的性质,了解该制度在实施中需要解决的相关问题,以求对我国的案例指导制度进行更好的发展和完善。

一、我国案例指导制度的性质分析

严格意义上讲，英美和大陆两大法系中都不存在案例指导制度这一概念，可以说，这一制度是我国社会主义司法实践的特有产物，对于应当如何定义这一制度，学者间也存在着不同的观点。陈兴良教授认为，指导性案例的实质就是判例，没有必要为了与英美法系中的判例制度进行区别，而刻意采用指导性案例这样一个具有中国特色的用词，可以将这一制度直接理解为我国具有独特性的判例制度[①]。胡云腾法官则认为，案例指导制度与英美判例法之间存在着本质上的区别，是我国在融合两大法系发展趋势后，在法律适用上的机制创新。本节采用胡云腾法官的观点，我国的案例指导制度，既不是照抄英美法系中的判例制度，也不是中国特有的判例制度，其实质是在保证我国制定法作为法律渊源的背景下，进一步发扬我国历史上传统司法审判中对案例的重视，并兼采两个法系相关判例制度中的一些做法。

二、我国案例指导制度的功能定位

案例指导制度作为具有我国特色的法律适用机制的创新，毋庸置疑具有区别于判例制度的独特功能。案例指导制度的不断发展体现着我国司法机关对司法实践中具体问题的密切关注和积极回应，在对我国案例指导制度的功能进行定位时，必须立足于我国特有的司法背景，从案例指导制度的本质出发。

（一）统一审判标准，保障同案同判

不可否认的是，在我国的司法实践中，长期存在着审判标准不统一的问题，在类似案件的法律适用过程中，不同地区的法院甚至同院的不同法官可能得出相去甚远的裁判结果，之所以在审判中会出现这种情况，是由多种原因所导致的。

一方面，针对我国目前现有的法律规范来说，部分是一些概括性的抽象成文法，其更注重对原则性内容的表述。尤其是在我国成文法规范中经常出现的"情节严重""数额较大""从重处罚"等适用标准十分模糊的法律术语，给

[①] 陈兴良.我国案例指导制度功能之考察[J].法商研究,2012,29(2):13-19.

审判机关在适用上造成了困难,对于这些抽象的没有明确标准的字眼,不同的法官在审判中会产生不同的理解和把握,这就导致了我国审判实践中同案不同判的情况屡见不鲜。另一方面,针对我国立法本身目前还存在着由于立法主体多元化,不同法律规范之间适用冲突的问题,这也导致了法官在针对具体案件进行法律适用选择时存在差异,不同法官对同类案件作出差异甚大的裁决。针对这些在立法和司法中存在的问题,案例指导制度是最为灵活高效的解决手段,通过已经客观存在的案件事实,编写指导案例,以司法解释的方式,反向作用于制定法的具体选择适用,在保证立法谨慎性、程序性的前提下,充分发挥了司法手段的及时高效功能。我国所选用的指导性案例,都是实务经验丰富的法官根据社会现实需求和多年办案累积所得出的智慧的集结,是法官群体为了弥补成文法司法适用中的缺陷,通力合作将集体的成果转化为具有权威性的指导性案例,用以减少同案不同判情况的发生。通过在指导案例中,对纷繁复杂的案件事实进行细致的分析和归纳,将法院作出裁判的理由进行充分的论证和说明,并明确相关法律条文的具体适用方式,从而为相似案件中疑难问题的解决提供方法,使同类案件中的法律适用标准更加统一。同时,在我国的案例指导制度中,"判决违背指导案例"是当事人可以进行上诉或提出抗诉的理由,这就为能够真正促进裁判标准的统一,推动法律的统一适用,实现"同案同判"这一司法目标提供了更大程度的保障[1]。

(二) 提高司法效率,维护司法权威

案例指导制度是我国当下司法改革的关键内容,能有效发挥指导性案例的指示作用,改变原有的行政化的审判形式,对于促进司法高效、维护司法权威具有十分重要的作用。

从提高司法效率的角度来看,一方面,指导性案例是我国法官群体多年积累的智慧体现,该制度的确立,使法官在审判中碰到争议问题时可以进行参照处理,使相关法律的适用过程更加简化,为法官提供了高效解决疑难问题的途径,节约审判时间,提高审判效率。同时,法官在对指导性案例进行对照和援引时,也无形中增强了法官个人对实务工作的分析和理解,提高了对相关法律的熟悉和掌握程度,使法官的分析归纳能力、判断能力和推理能力

---

[1] 龙宗智,孙海龙.加强和改善审判监督管理[J].现代法学,2019,41(02):35-53.

都得到了提升,提高了法官的个人职业素质,这也对司法效率的提高产生了推动作用。另一方面,对于当事人来说,通过对指导性案例的了解,可以粗略预测诉讼结果,评估诉讼风险和成本,降低不合理期待,使诉讼行为变得更加理性,节约司法资源。

从维护司法权威的角度看,案例指导制度通过向社会公众公布指导性案例,将法院在裁判过程中的法律适用和程序运行进行公开,使司法工作受到来自社会各界的更多关注和监督,规范审判行为,避免上级法院对审判的干扰,减少其他外部非正当因素对审判程序的影响,保证审判程序的独立进行,维护司法的公平公正。同时,指导性案例中对案件详细的分析和充足的论证,既能提高判决结果的可预期性,从源头防止法官自由裁量权的扩大,又能使人民群众对审判工作有更深入的了解,使其能够对司法公正有更直观的感受,降低社会公众对法院的偏见和不信任,从而维护司法权威。

(三)促进理论与实践的相互作用

案例指导制度的确立,能够有效改善以往的司法审判中理论与实践脱节的问题,促进二者之间的良性互动。指导性案例作为法律规定和审判逻辑相结合的结果,在涉及实体性规范的同时,兼顾了程序规范的内容,把对立法原则和立法精神的阐释与实践中的经验和创造相结合,将审判人员和当事人心中的法律与纸上法律相融合,指导审判工作更为高效公正地进行。同时,指导性案例作为理论与实践相联结的载体,其本身与社会现实问题密切相连,所涉及的社会现象中的前沿热点问题,反而会引发学界的关注和讨论,成为法学理论研究和创新的新思路,一方面使法院作出的判决结果受到更多的关注和重视,另一方面学术界的理论研究为司法审判提供更多的方法和思路,从而反向推动案例指导制度的发展,实践推动理论,理论反作用与实践,二者相互配合,使我国的司法实践和法学理论保持良性互动。

三、我国案例指导制度完善的建议

(一)优化案例指导制度的自身机制

1. 明确指导性案例效力

想要使指导性案例在审判实践中得到更广泛而且准确的适用,必须先对指导性案例的效力进行明确。对于学界目前是否可以将指导性案例视为法律渊源的争议,本节持反对意见。虽然将指导性案例直接视为法律渊源可以简化法官在审判中的适用程序,使指导性案例的适用更加"名正言顺",保障案例指导制度的功能得到最大程度的发挥,但却严重违背了我国的成文法传统。

我国作为成文法国家,若是将指导性案例作为法律渊源,则与判例法制度在本质没有差别,相当于给予了法官立法权,这既不符合我国《立法法》对立法主体的明确限制,侵犯了我国立法工作的权威性,也违背了我国的政治体制。本节认为,应当明确指导性案例作为非正式法律渊源的地位,非正式法源虽然没有法律上的地位,但却具有事实上的效力,可以对法官的审判行为产生约束。指导性案例的发布主体是最高人民法院,以案件的裁判内容这一形式对相关法律的适用作出解释,与司法解释同样都是最高人民法院行使法律解释职能的结果,只不过司法解释的内容是抽象的描述性文字,而指导性案例则以案件事实作为内容载体。据此,指导性案例与司法解释在效力地位上并无实质差别,指导性案例在审判实践中应当和司法解释具有同等的效力,将指导案例视为同司法解释一样的非正式法律渊源具有合理性。

在明确了指导性案例的非正式法源地位的前提下,想要使指导性案例真正在事实上产生约束作用,保障"同案同判",就必须在立法上对指导性案例的效力进行明确的规定,针对目前在指导性案例适用中争议最大的问题,要将对指导性案例的"应当适用"变更为"必须适用",规定法官在审判实践过程中,必须要事先对案例相关情况进行查阅和了解,将案件事实和法律适用进行对照,根据对照结果谨慎的决定是否参照指导性案例进行裁判,以立法的形式明确在司法审判中必须重视指导性案例的态度,保障案例指制度的良好运行。

2. 提高裁判供给能力

我国目前的案例资源十分充足,截至 2021 年 5 月,已公布裁判文书量达 1.2 亿篇之多,各级法院每年审理的案件总量以千万计算,如此庞大的资源数量为指导案例的选编提供了良好的基础。一方面,应当扩大指导性案例的数量和选择范围,建立更加多元全面的报送机制,使指导性案例的选择范围不再局限于最高人民法院的单一选编,在各级法院间,建立重大、疑难等特殊案例的强制报送制度,严格监督报送制度的落实程度,防止地方法院懒报、瞒报等现象的出现,从而扩大指导性案例的选取范围,充分利用我国的案例资源,提升选编出潜在指导性案例的概率,使指导性案例的选编工作规模化、体系化。另一方面,应对指导性案例的发布周期和发布数量进行规制,出台相关规定,在充分了解指导性案例选编工作难度的前提下,为指导性案例的发布设置明确的周期和数量要求,对指导性案例的类型和领域进行合理的规划,促进指导性案例的有序增长,提高指导性案例的裁判供给能力。

3. 提升指导性案例内容质量

对指导性案例内容质量的提升,应从案例的基本案情、裁判要点、裁判理由等几个主要构成要素分别入手。

首先,在进行基本案情部分的编写工作时应做到精练简明,过滤掉那些冗杂无用的描述信息,重点关注与法律适用密切相关的部分,降低指导性案例在基本案情部分的篇幅长度,减轻审判实践中参照适用指导性案例的阅读量,降低阅读难度,为审判人员节省时间。同时,为了防止基本案情内容过度精练反而会造成适用困难,在编写指导案例的过程中,可以标明原判决的裁判案号或附上完整的裁判文书,更好地满足审判实践中的不同需求。

其次,在裁判要点和裁判理由部分应增强论证的说理性,在这部分内容的编写时,应立足于为抽象的成文法和司法解释提供补充和扩展,避免对二者的内容无意义地重复。说理是案例研究工作最为重要的内容,审判实践中需要通过说理的方式发挥指导性案例的价值,说理是否深入透彻直接影响了案例指导性,必须增强指导性案例的说理性,杜绝机械地重复法规或照搬审查报告,从司法体制、社会秩序、人情国情等多个角度进行多元的深入分析和论证,充实指导案例的裁判要点和裁判理由部分,对关键内容进行细化和补充,充分利用利益衡量等论证方式,使说理性贯穿指导性案例的编写工作始终。

(二)完善案例指导制度的适用机制

1. 构建指导性案例的评价机制

随着科技和社会的发展,我国的立法工作也要频繁地进行修订和调整,以应对社会现实的不断变化。同理,指导性案例也不是一经发布就可以"一劳永逸"的,只有构建相应的评价机制,随着审判需求的改变,对指导性案例作出相应的调整,才能使指导性案例保持生命力,适应司法实践的需要。我国的指导性案例由最高人民法院发布之后便推广至全国法院系统适用,但是目前并没有对指导性案例采取任何"评价"机制来后续监管指导性案例的内容是否存在争议,对于指导性案例的适用效果如何等问题,只有建立相应的评价机制,对指导案例的内容和效果分别进行评估,才能及时准确地发现指导性案例适用过程中所存在的问题,促进指导性案例的修正与改进,提高指导性案例的内容质量。指导性案例的评价机制中,应包含明确的评价主体、评价标准、评价内容等要素,评价主体应以工作与指导性案例最为密切的司法工作者为主,为了提高社会公众对案例指导制度的关注度和参与度,可以选拔不特定的群众辅助参与评价过程。对于评价标准来说,应当以指导性案例的被援引次数、援引范围、裁判结果的偏离度等因素作为参考,设立相应的评价方式。同时,在对指导性案例进行评价时,应制订规范透明的评价程序,公开评价结果。

2. 建立完善的适用监督机制

如上文所述,我国目前对于案例指导制度的监督是在法院内部完成的上下级法院之间的监督,这种监督机制虽然发挥了一定程度的作用,但是难免会出现由于自我监督而产生的问题,因此,有必要对指导性案例的适用建立专门的外部监督机构,形成内部监督与外部监督相结合的监督机制。从内部监督的角度来说,要制订相应的奖惩措施,对法官在审判中是否充分参照指导性案例设置考核标准,要求法官提交指导性案例适用报告,对于消极援引指导性案例的法官给予适度的惩罚,防止案例指导制度得不到真正的落实。从外部监督的角度来说,可以在其他法律工作者和密切关心案例指导制度的社会群众中选拔外部监督人员,组成专门的监督队伍,对指导性案例的适用工作进行社会监督,及时纠正在指导性案例的适用过程中可能会出现的问题。

3. 提升司法工作人员业务能力

提高我国司法人员的案例分析适用能力,最首要的是在我国的法学教育中提高对案例教学的重视程度,在我国各个阶段的法律教学中,增加对类案检索技术和案件的论证分析逻辑的培训,在法律资格考试中,加大对案例分析能力的考查难度,提高司法审判人员在案例论证方面的入职门槛。对法学生案例分析适用能力的培训可以从知识和技术两个方面进行,在进行知识层面的教学过程中,应充分说明指导性案例在我国司法审判中的重要作用,以案例法学的基本原理和对学生判例思维的培养作为教学工作的重点,提高法学生对指导性案例的重视程度。在技术部分的培养中,应加强对学生实践能力的培养,多举办模拟法庭、刑事辩护赛等案例辩论活动,为今后从事法律工作积累实践经验,同时,应结合当今的大数据时代背景,加强学生通过运用现代科技手段进行案例分析类比能力的培训,注重对类案检索技能,大数据分析能力的提升,从而提高其适用指导性案例的效率和准确度。

在学校加强了案例教学工作的同时,法院需要对审判人员进行更加专业化的培养,一方面,在整个法院系统加强对指导性案例的宣传和学习,提高法官对指导性案例的熟悉和掌握程度,提高法官对指导性案例的重视。另一方面,定期进行指导性案例的适用培训和情况总结会,增加法官之间的相互交流和互相学习,提高法官对指导性案例的适用技能和职业素质。

第二节 刑事案例指导制度

随着法治进程的全球化,大陆法系和英美法系之间的传统早已不是泾渭分明,成文法不再是大陆法系国家的专利,判例法亦不再是英美法系国家的专属,无论是理念还是制度,两者都逐渐趋向融合。近代以来,我国主要是以成文规范为基础构建法治体系,随着外来理念的影响和本土意识的觉醒,案例资源开始成为我国法治文明继续向前迈进的新机遇。从法治发展的进程来看,我国将案例用于指导实践的做法并非完全缺位,但真正将"案例指导"作为具体制度提出的却是在新近几年。将"案例指导"提升为一种制度,并不是对过往经验的简单归纳和总结,在其背后实际上是法律知识的转型和法律技艺的升级。

刑事案例指导制度是案例指导制度中不可或缺的重要组成部分,罪刑法定原则的司法底色决定了刑事案例指导制度的特殊性。在罪刑法定原则的经典论述中,成文规范是唯一的法律渊源,这种范式背后隐含着对演绎逻辑思维的绝对遵从。很显然,这与案例指导的理念和方法相异甚至相悖。如何在刑事领域发挥案例指导制度的功能,不仅是对该项制度能否在司法实践中经久不衰的重大拷问,还是对刑事司法观念和方式如何转型发展的深刻反思。

一、刑事案例指导制度构建的法理基础

我国是成文法国家,与判例法国家不同,我国已建立起一整套完备的社会主义法制体系,指导性案例不属于我国的正式法源,因此,实行案例指导制度,应当以制定法为主。在刑事法领域,刑法学方法论主要以刑法适用为核心,而案例裁判则是适用刑法的回归与具体体现,回归法理本位,构建刑事案例指导制度的法理基础主要体现在以下几点:

(1)法律推理的综合体现。法律的制定最终均会回归适用,而法律的适用过程则是法律推理的综合体现,在制定法国家,法律适用以特定的法律文本为前提,运用法律解释与推理方法,将其适用于具体的司法案件之中。从功能主义的视角来看,无论是英美法系国家的判例,抑或是大陆法系对此后案件产生影响效力的案例,二者均为法律秩序不断进化的产物和法律推理的

具体表现形式。在具体案件的裁判之中,法律推理既是一个逻辑推导的过程,又是一个法理辨析的过程,形式推理和实质推理共同构筑了法律推理的两大支柱。刑事案件裁判中的形式推理主要是依据刑法及相关司法解释结合案件事实而得出结论,演绎推理即是典型的形式推理。刑法适用中的实质推理则是一种较为复杂的推理方式,它融合了刑法规则、立法者的本意、定罪量刑的价值选择和利益衡量、对社会公序与国家政策的考量等因素,任何判决均系依形式推理与实质推理的结合而作出。从理论上讲,形式推理是为法律推理的主导推理形式,当刑法规范达到足够明确和具体的程度,只要案件事实清楚,证据真实合法,法官依照形式推理作出的判决的规范性程度较高。然而,成文法总归有其自身的局限性,面对复杂的适用情形,诸如新型刑事犯罪或疑难案件,这时法官仅仅依靠形式推理就难以得出科学的结论。刑法条文的法律原理、包含被告人主观恶性在内与定罪量刑相关的实质因素等均是刑法推理中的重要条件,此时,单单依靠形式推理就显得有些无力。而在法官审判的过程中,法官的价值判断、办案经验与刑法认知等均是影响实质推理结论的因素,这也是为何同案异判屡屡发生的主要原因。由是如此,构建刑事案例指导制度,对于严格运用法律推理得出科学结论并对之后类似裁判可起指导性作用的模范判决,将之体系化、制度化,对规范法律推理、统一司法裁判具有积极意义。

(2) 禁止司法造法。关于案例指导制度的法理定位,涉及司法权与立法权的界限问题,即案例指导制度其实质到底是一个法官造法的机制,还是现有司法框架之下为实现司法目的的一种必要司法活动。我国不是判例法国家,法官无权造法,我国的法制设计杜绝了英美法系上"判例即法"模式在我国的存在,而近年来随着司法公开越来越透明,使得"同案异判"现象得到越来越多的关注并侵蚀着司法权威。社会集体意识对案件结果的追求与国家对法制统一的强调形成了张力[1],如何在现有体制之下,最大限度地追求司法正义与统一的实现,并且避免司法权与立法权的冲突,是我国案例指导制度出台的原因之一。从最高人民法院确立案例指导制度的名称来看,使用了"案例",而非英美法系国家的"判例"或"先例",这种有意为之的区分,足可以见我国对案例指导制度的谦抑定位。案例指导制度是一种具有中国特色的司法制度,根据《宪法》和《人民法院组织法》对我国法院作为审判机关的功能

---

[1] 梁景瑜.案例指导制度的诞生[J].政治与法律评论,2016(1):274-299.

定位,案例指导制度应当严格限定在法律适用的范围之内,不能越界。这样既保证了我国法制体系的完整性和一致性,使司法权与立法权各行其道,又弥补了成文法的不足,为刑事立法的完善提供良好素材,使二者之间形成良性互动。

(3) 制度—规范的集合。制度建设是一种将对象规范化的努力,是一个秩序化、模式化的过程。案例指导制度的构建系基于一个个指导性案例的勾连而为,是规范的集合。从司法裁判的角度来看,司法是法官将法律规范适用于案件裁判的活动,而个案裁判则是司法活动的基本单元构成。对于司法活动而言,影响其成效评价的关键在于个案裁判。为了保证个案裁判的质量,最有效的方法是实现司法活动的规范化。由此,个案裁判的规范化—案例指导的生成—案例指导制度的确立,规范的集合这一路径便完成了。

二、刑事案例指导制度构建的价值功能

"价值"一词,在不同语境下有不同的理解,学者们在对其进行理论论述时亦见仁见智,角度不同,表述上也各不相同。从认识论上讲,价值是表示事物客体的属性和功能与主体需要间的效用或效益,具有一定的概括性。在法学领域,价值究竟是源于制度事实的客观供给,还是基于主体对法律的内在需要,抑或是人和作为对象的法律之间的内在关系? 因为人们对法律价值生成问题的回答不同,也反映了其对法律价值本质的不同结论[1]。这也是法学理论研究中为何常见有作用、功能、目的、意义、价值等不同表述的原因所在,为概括表述,本节采用"价值功能"一词,对刑事案例指导制度作相关论述。结合当前学界的已有研究,申而论之,刑事案例指导制度的价值功能体现在以下层面:

(1) 司法层面:如前所述,与其他部门法案例指导制度不同,刑事案例指导制度的实践运行必须严格遵循罪刑法定原则,禁止司法造法决定了刑事案例指导制度只能在法律具体运用的界限内发挥其价值功能,而不能"侵入"刑事立法领域。然而,受制于法律文本的抽象性、滞后性以及文本语言概括、模糊性的固有属性,刑法在适用过程中不可避免地存在着刑法条文明确性、刑法解释抽象性与个案事实具体性之间的矛盾。此外,在一定情形下,个案事实的即时性亦与刑法文本滞后性之间存在着冲突,故而从功能上讲,指导性

---

[1] 谢晖. 论法律价值与制度修辞[J]. 河南大学学报(社会科学版),2017,57(1):1-27.

案例体现着一定法律原则与规则,其通过裁判要旨的形式引导法官去适用,在某种程度上发挥着司法解释的功能。尽管刑事案例指导制度与刑事司法解释均是司法机关将刑法付诸司法实践的两大运用手段,二者在价值上有着重合的部分;然而究其涵射内容,二者又具有鲜明的区分。刑事司法解释虽然在一定程度上为刑法的适用提供了明确而具体的指引,但其作为抽象性解释仍然不能摆脱一般规定所具备的概括性与局限性,刑事司法解释和刑法条文的对应模式仍然是从"一般"到"一般",面对刑事审判中错综复杂的案情,难以从根本上规范从"一般"到"个别"的司法进路。相较之下,刑事案例指导制度则从实践上克服了刑事司法解释的这一局限,强化了刑法的确定性以及相关社会活动的稳定性与可预见性。有学者认为,案例指导制度的建立使我国形成了法律—司法解释—案例指导规则这样一种多元的特色法律规则体系。在现代社会,法律面前人人平等是最基本的要求,这种平等不但体现在立法层面,亦贯彻于司法层面。在刑事法领域,刑法不但明文规定了人人平等的刑法原则,同时也规定了与之呼应的罪责刑相适应原则。罪责刑相适应的实质即体现了当代"同案同罪同罚"的司法统一之价值追求。刑事案例指导制度的运行,同司法解释一起为我国刑法的规范适用发挥着巨大作用。

(2)学理层面:实践产生认识,认识指导实践。法律制度的确立和完善离不开社会各界的合力参与,同时,完善的制度设计亦规范着社会生活的方方面面,以此实现理论与实践的良性互动。刑事案例指导制度的创设,一方面,为规范刑事司法实践发挥着作用,另一方面,又将成为法学理论研究的对象。在成文法传统下,法官更注重与立法者而非整个司法系统、法律共同体对话,封闭的裁判模式无助于法官理论素养的提升及同案同判司法理念的形成,而作为连接法学理论与司法实践的桥梁,刑事案例指导制度本身即蕴含着丰富的法治信息,其既可以为法学理论研究提供优良的素材,亦将为规范司法实践培植肥沃的土壤。

三、我国刑事案例指导制度的完善思路

(一)明确刑事案例指导制度与司法解释体系的关系

刑事指导性案例欲发挥更好的作用,必须明晰其在刑法框架中所处的地位,其中最主要的就是理清案例指导制度与司法解释制度的关系。案例指导制度与司法解释制度可发展为并行的制度,它们共同隶属于法律解释体系

内、彼此之间不存在包含与被包含的关系。本书将案例指导制度如此定位主要出于以下几点考虑：

首先是基于指导性案例创制主体的考虑。我国法律明确规定了司法解释的创制主体仅限于最高人民检察院与最高人民法院，而且出于司法解释效力和创制机关的级别考虑也不可能再扩大创制主体的范围。至于案例指导制度近年虽有长足发展，但其价值远景仍远较当前更为广阔，程序性内容和实体性内容尚需完善。现有的指导性案例需要尽快形成规模效应，所以指导性案例的创制主体现在虽是最高司法机关，但不能排除今后仍有扩大的可能。

其次是基于两者拘束力性质的考量。司法解释的效力性质属于法律性而非事实性，案件审理如出现违反司法解释的情况必然会导致重审乃至再审。而就指导性案例而言，目前为止还没有任何法律明确规定了其是否具有效力以及效力的性质何如，学理上通行的观点是排除指导性案例拘束力的法律性质，将其作为事实拘束力的载体来对待，认为指导性案例的设定价值是为法官在法律适用方面存疑时，能从相近似的指导性案例中寻求到"帮助"，从而既可顺利地完成审判工作，又可以尽可能地达到"同案同判"的实质公正。即"当法官在审理类似案件时，应当参照指导性案例而未参照的，必须有能够令人信服的理由。"但是，这种帮助行为本身并不是基于明确的法律授权而作出的。

最后，之所以有上面的定位构想，不仅仅是因为两个制度之间的差异性，同时也是出于对两者间的共性的考虑。指导性案例与司法解释天然具有相互补充相互依存的联系。司法解释以抽象性的言辞为表现形式，势必不能摆脱相对固定与僵化的局限，而指导性案例的出现则以具体案件为载体将抽象性的法条进行更为清晰和具体的解读，以兼具灵活性与事实性的形式来解析固定的成文法，从而最大限度地弱化现有成文法之不足。并且，这样的定位完全可以避免指导性案例产生违反宪法、法官造法等潜在问题。

（二）扩大案例创制主体范围

目前，指导性案例的发布主体仅限于最高司法机关，这当然是从严格、谨慎的角度出发来确保指导性案例能够合法、合理的创设与推行，以便更好地发挥其所承载的价值与功能。但是，发布主体的数量限制导致指导性案例数量较少、制度目标尚无法从广阔的层面得以实现。

对于这一现状，参照最高人民法院《关于规范上下级人民法院审判业务关系的若干意见》的相关规定，即地方高级人民法院可以以参考性案例的形式发布具有典型意义或者指导价值的案例,但不得被直接引用于判决书中亦不得以"指导性案例"为名称。这一条规定虽然表明了最高司法机关预期发挥第二层级司法机关(即地方高级人民法院)功能的倾向,但仍然较为保守。为更好地适应地方法治需要,省一级的法院应当被授予制订针对本地区的指导性案例的权限,以尽快达到规模效应。与此同时,在吸收省级司法机关作为创制主体的基础上再细化不同层级发布的指导性案例的定位,即最高司法机关发布的案例在全国范围内适用,省级司法机关发布的指导性案例在本辖区内具有同全国性指导性案例相同属性而效力相对略低的地位,但对于其他省区则仅具有参考价值。在此基础上,如果某省区发布的案例具有全国范围内适用的必要,则又可以由最高司法机关将其提升到第一层级即全国范围内适用。

(三)事先创制与事后创制相结合

现有的指导性案例全部是由最高司法机关在已决案件中层层筛选出来的,并非直接从审判时就以作为指导性案例的态度来进行。虽然将已决案件通过"制作"过程可以转变成指导性案例,但不乏一些案件原本具有指导价值且应当上升为指导性案例,却因为在原始审判过程中,司法程序或者是审判文书等相对粗糙造成上升难度过大而被迫放弃。

对此,笔者认为可以在案件审理初期通过研究分析,如果认为其已符合最高司法机关规定的成为指导性案例的条件或者具有上升为全国性案例的必要,就从案件承办初期至撰写判决书等全方位的以作为指导性案例的态度对待。这样不仅可以减少后期"加工创制"的复杂环节,也可以逐步培养基层法院法官的职业素养等。

(四)规避案例创制的误区

在甄选和创制指导性案例的过程中,我们应当在不断完善制度的同时也及时注意防止一些不恰当的行为,以避免阻碍制度的发展。总体说来,以下几种行为需要我们特别注意:

(1)指导性案例的创制并不等于法律规则的创制,其主要作用是为解决问题寻找答案而非去制造答案,否则便会有法官造法之嫌。

(2)指导性案例对广大公民天然的带有指引和预测作用,但除了诉讼法明确规定的条件外,并不能因为法官没有依指导性案例来判决案件就申请重审。

（3）有学者主张某些案件在具有指导价值的前提下，限于法院级别管辖的设定而无法由最高人民法院直接审理，那么该案可借助提审方式来提高其审判级别以发挥其价值。对此种观点，笔者认为应该极为慎重地对待，除极其特殊的案件外绝不能因为案件的某种特殊性而随意打乱审判的级别管辖，因为这本身就是对程序公正的破坏。

（五）细化案例内容结构

案例指导制度指出指导性案例的"裁判要点"部分具有"参照"效力。结合本节前面的分析，虽然现有的指导性案例中裁判要点与裁判理由部分都在某种程度上体现出了指导性的意味，但是就制度长远发展的考虑而言，笔者赞同案例的指导性与拘束力的核心载体只能是裁判要点。这是因为裁判要点是源自案例又独立于案例，其产生的本质就是最高人民法院要将给法官们参照的某种指引予以展示，否则也不必大费周章地创作这部分内容。至于裁判理由部分，是用来支撑案例成立的基石，其存在的使命就是体现案例的合法性与合理性，以使广大阅读者信服案例本身。纵然在某些方面裁判理由部分体现出的参考性（如法律文书行文用语）好像大于裁判要点部分，但其内容结构的设计前提就已经限定住了此部分的功能范围。就以发展的眼光来看，裁判要点才是案例拘束力的唯一载体。

（六）完善裁判要点的写作主体

裁判要点应当由创制主体来完成，即属于全国性指导案例的由最高人民法院来写作；属于地区性指导案例的则由该地区高级人民法院来写作。这是因为裁判要点是整个案例的核心内容，也是承载指引功能的所在。虽然地方各级法院法官越来越多的是由法学专业学校毕业，他们作为案件承办人，无论是对于案件事实的熟悉度还是对该案的法律运用都有自己的心得。但是，裁判要点并非简单地说明案件审判结果，它必须以高于审判的视角来总结和升华出针对相关法律适用问题的规则与标准。就这一点来说，上述两个主体无论是在司法实践的经验上还是专业知识的积累上都要超出基层法院法官。此外，级别越高的法院，精英法官的数量就越多，而有关裁判要点的写作是集体创作，所以由精英法官数量众多的高级别法院来写作最为合适。当然，在写作过程中，案件的承办法官有权利和义务提出自己的意见与想法以积极配合、协助指导性案例的创制。

第三节　我国检察案例指导制度标准化建设

经过多年检察实践的推动,我国检察案例指导制度建设出现了一些积极向上的景象。正确认识检察案例指导制度建设的内容、适用边界,正确把握检查案例指导制度建设中应坚持的基本原则和应处理好的几个关系,积极稳妥地推进检察案例指导制度规范化建设,从而把我国检察案例指导制度标准化建设不断向前推进,促进我国检察案例指导制度健康发展。

一、检察案例指导制度建设的内容和适用的边界

（一）检察案例指导制度建设的发展情况

我国检察案例指导制度建设始于中华人民共和国成立初。上级人民检察院、最高人民检察院通过收集、整理、研究、印发案例、总结办案经验,指导下级人民检察院办案工作,历经初步探索阶段、恢复发展阶段、建立制度阶段和快速发展阶段,于2010年最高人民检察院印发了《关于案例指导工作的规定》,才正式建立了检察机关案例指导制度,并先后于2015年、2019年两次修订了《关于案例指导工作的规定》,这标志着我国检察案例指导制度建设逐步走向成熟、完善。特别是2018年以来,最高人民检察院新一届党组高度重视案例指导工作,检察机关案例指导工作进入了快速发展阶段,提高了指导性案例的制发频次。2018年3月至2020年3月两年间,共发布了十七批66件指导性案例,内容涵盖了刑事检察、民事检察、行政检察和公益诉讼检察四大领域。迄今为止,最高人民检察院各业务厅、各省级检察院、各市级检察院、各区县检察院都大量制发典型案例、参考案例和优秀案例。不仅如此,最高人民检察院有的业务厅只要开展了一项新的检察业务,就同时部署上报指导性案例、典型案例,综合执法部门如督察局也布置下级检察院检务督察部门上报案例,研究室也布置下级检察院上报司法改革方面的案例,案例指导制度建设出现过热、非法律适用型指导案例与法律适用型指导案例齐头并进、超越边界的现象,因而,检察案例指导制度规范化建设、标准化建设的议题自然被提上议事日程。检察案例指导制度规范化建设是检察案例指导制度标

准化建设的初始阶段,现阶段的主要任务是着力抓好检察案例指导制度规范化建设,对检察案例指导制度建设秩序进行必要的整顿,包括明确我国检察案例指导制度建设的内容和适用边界、提出我国检察案例指导制度建设应坚持的基本原则、应处理好的几个关系,掌握好我国检察案例指导制度建设中的几个具体问题,积极稳妥地推进检察案例指导制度规范化建设,为我国检察案例指导制度标准化建设中远期目标的实现打下坚实的基础。检察案例指导制度规范化建设是检察案例指导制度标准化建设的重要发展阶段,因而必须要高度重视此项工作。

(二)检查案例指导制度建设的内容和适用边界总结

我国检察案例指导制度建设的内容和适用边界主要包括以下三个方面:

(1)要紧紧围绕检察业务开展检察案例指导制度建设,一般性工作指导不适用于检察案例指导制度建设。近几年,在检察工作中,特别是在检察程序案例指导制度建设中,将一般性工作规范方面的案例也当作检察案例指导制度意义上的案例来建设,这是不对的,因为它突破了检察案例指导制度是检察业务、检察司法方面的案例指导这一本质属性。如某检察院民事检察部门就民事检察听证要求报送典型案例,某检察院技术信息中心就检察技术辅助检察办案印发典型案例,这些案例都不是检察案例指导制度意义上的指导案例,而只是一般性工作指导方面的检察案例。

(2)要紧紧围绕法律适用开展检察案例指导制度建设,综合执法部门就检察工作中的综合执法开展的案例指导建设也不适用于检察案例指导制度建设。最近一段时间曾出现过某检察院检务督察局就检务督察要求下级检察院检务督察部门上报典型案例,某检察院研究室就司法改革有关问题要求下级检察院上报典型案例,这些仅仅围绕检察工作、检察改革中的综合执法、改革推进制发的典型案例,与检察司法工作中的法律适用(包括程序法律、实体法律的实施、应用)无明确或直接关联的案例建设,也不适用于检察案例指导制度建设。

(3)要经过一定的实践经验的积淀才能制发检察指导案例,缺乏一定实践基础的检察案例,既不是检察案例指导制度建设中的指导案例,也不适用于检察案例指导制度建设。如某检察院行政检察部门一布置行政争议实质性化解工作就同步要求下级检察院上报有关典型案例,制发相关指导性案例,这种做法实际上是就检察工作中的一般性工作进行规范、指导上报、制发

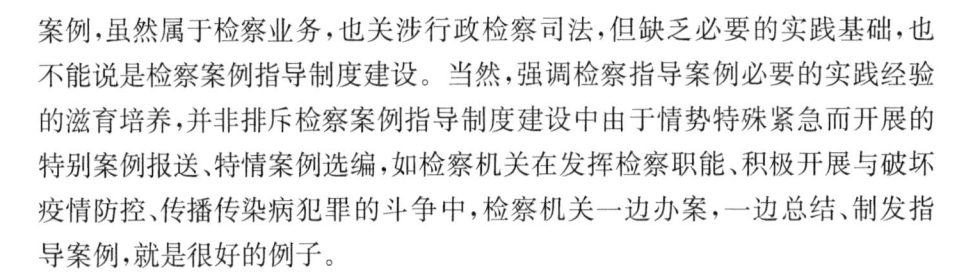

案例,虽然属于检察业务,也关涉行政检察司法,但缺乏必要的实践基础,也不能说是检察案例指导制度建设。当然,强调检察指导案例必要的实践经验的滋育培养,并非排斥检察案例指导制度建设中由于情势特殊紧急而开展的特别案例报送、特情案例选编,如检察机关在发挥检察职能、积极开展与破坏疫情防控、传播传染病犯罪的斗争中,检察机关一边办案,一边总结、制发指导案例,就是很好的例子。

二、我国检察案例指导制度建设应坚持的基本原则

（一）坚持立足实践、服务实践的原则

在我国检察案例指导制度规范化建设中,应该坚持以下几个基本原则:我国检察案例指导制度建设是针对检察司法实践中实体性法律、程序性法律及相关司法解释文件中没有明确规定或规定不明确的条文如何适用而作的具有参考性的指导、规范制度建设;司法实践经验的积淀是前提,案例是载体,法律适用是核心和关键,一定的参考性是效力特征,指导和规范是目的。也就是说,检察案例指导制度建设始于司法实践的需要,又止于指导、规范司法实践活动。检察案例指导制度建设应该坚持立足检察司法实践、服务检察司法实践的基本原则,反对为了开展工作而征集毫无实践基础积淀的案例,也要反对仅仅是为了学术研究而征集毫无实践价值、实际用途的案例。

这里要注意区分两个具体问题:

第一,要注意区分实践基础积淀与特殊紧急情势下的特别案例报送和特情案例选编,后者虽然没有经过足够的实践经验的积淀,但它将法院审判前检察司法环节的法律适用特情需要通过案例反映出来,为的也是规范、指导特殊情况下检察司法的实践需要,它彰显的还是立足(特殊的)司法实践需要,落脚点仍然是服务检察司法实践,解决的还是高效服务检察司法实践中法律适用的专门问题。

第二,要正确区分基于法律适用理论研究需要征集、选编某一法学应用理论课题的案例,不同于仅仅为了学术研究征集毫无实践价值、实际用途的案例。实务部门(即指检察机关)为了研究法律适用方面的理论课题,征集、选编有关案例,其目的和最终效果还是促进相关法律适用问题的深入、细化研究,弥补相关立法或司法解释的不足,无疑会推动相关司法办案或司法改革走深走细走实,服务司法实践的成效比较明显,因而可以纳入检察指导案

例中。

而仅仅为了学术研究征集毫无实践价值、实际用途的案例,虽然这些案例也来源于司法实践,但这些案例与法律适用关联度不高,纯粹是为了说明某种学术观点、论证某种学术思想,它们对司法办案的指导意义不明显,或者毫无意义,当然也就不能说是检察指导案例。真正的检察指导案例必须是来源于检察司法实践,具有一定的实践经验积淀,对法律规定或相关司法解释不明确、不具体的法律适用问题有参考性的指导、规范价值的案例。

(二)坚持广泛培育、精准遴选的原则

最高检察机关要针对实体法、程序法规定不明确、相关司法解释规定不具体而司法实践中又会遇到的法律适用问题,有计划地规划出台指导案例选题,充分发动地方检察院特别是市县级检察院的积极性,广泛培育、深入酝酿基础案例,就选题中法律适用重点、难点、热点问题,从基础案例中精准遴选,经省级检察院和最高人民检察院业务厅、研究室编辑,走完规定的程序,塑造成指导性案例或典型案例或参考案例,以指导、规范检察司法实践。

(三)坚持分级指导、突出参照的原则

在我国,案例指导制度是司法解释的辅助制度,是法律适用制度。各类指导案例对司法实践、检察司法的指导效力是不同的。就刑事实体类指导案例而言,在现行制度规定下,经最高人民检察院检委会讨论通过的指导性案例效力最高,相当于相关问题的刑法司法解释,各级人民检察院办案中应当参照执行,作为检察法律文书说理释法的根据;最高人民检察院各刑事检察厅制发的典型案例、最高人民检察院研究室编发并经案例指导委员会讨论通过(但未经院检委会讨论通过)的指导性案例的效力次之,对检察司法实践相关法律适用具有重要的参考、借鉴、警示效力,对检察机关办案具有重要的指导意义。省级人民检察院编发的典型案例、参考案例和市级检察院编发的参考案例对相关检察司法也具有一定的参考价值,对办案活动具有一定的指导意义,区县级人民检察院编发的优秀案例对相关检察司法具有参考、示范价值,对办案也具有一些指导意义。各层级刑事实体类指导案例作用的发挥组成我国特有的刑事实体检察案例指导制度。在我国刑事实体类检察案例指导制度运行过程中,检察机关要突出最高人民检察院制发的具有参照执行效力的指导性案例的建设,发挥其及时弥补刑法规定不明确、相关司法解释规

定不具体的功能,同时,也要加强各级检察院制发的具有不同效力的指导案例的建设,充分发挥其对相关刑法规定或司法解释规定的补充和打基础的作用。具有参照执行效力的指导性案例的指导层级最高,效力范围最广,具有普适性,其他各级指导案例的指导层级和效力范围不同,具有明显的地方特点和地域限制。我们既要突出参照执行的指导,也要统筹好、管理好其他各层级参考执行的指导,促使其良性运作,共同为法律适用(指刑法适用)发挥辅助作用,促进统一执法、公正司法。

(四)坚持常态选编与专项选编、专题选编、特情选编相结合的原则

在我国检察案例指导制度建设实践中,最高人民检察院、上级人民检察院是制度建设的主力军,最高人民检察院、上级人民检察院通过拟定、提出指导案例选题,部署地方检察院、下级检察院精心培育基础案例,及时上报指导性案例、典型案例、参考案例,经过最高人民检察院、上级人民检察院研究、提炼、编辑、讨论通过后印发、出台正式的指导性案例、典型案例和参考案例,指导、规范办案和检察司法,这是我国检察指导案例的常态选编。

除此之外,我国检察指导案例选编实际工作中还存在专项选编、专题选编和特情选编。

专项选编是指由于检察实践的专项执法需要,为了解决专项执法活动中法律规定不明确、相关司法解释不具体或缺位的实际问题,就专项执法中某些或某个法律适用问题而征集案例,通过遴选、研究、提炼、编辑、讨论后印发、出台正式的指导性案例、典型案例、参考案例,以指导、规范办案,保证专项执法行动统一执法、公正司法。

专题选编是指检察机关或检察机关联合学术界就法律适用中法律规定不明确、相关司法解释规定不具体的专门问题征集案例,通过遴选、研究、提炼、编辑、讨论后印发、出台正式的指导性案例、典型案例、参考案例,以指导、规范办案,积极回答相关执法中法律适用方面的困惑、难题,推动检察司法活动准确司法。

特情选编是指由于形势特殊紧急,对法律规定比较抽象、不够明确、相关司法解释规定不具体或缺位但又急需解决的法律适用问题,最高人民检察院就法院尚未审结甚至正在检察执法程序中的案例,迅速向地方检察机关进行征集后研究、提炼、编辑、讨论后迅速印发、出台正式的指导性案例,及时指

导、规范地方检察机关相关检察司法,解决特殊紧急情形下检察司法的急需,确保检察工作中紧急执法的准确、及时和统一、高效。

加强检察案例指导制度规范化建设,坚持常态选编与专项选编、专题选编、特情选编相结合的原则,既要扎实推进常态选编工作,积累丰富的选编工作经验,又要锤炼专项选编、专题选编、特情选编工作本领,把检察指导案例选编工作做深做实做专做好,不断提升指导案例选编工作实战水平。

(五)坚持以单独发布为主、联合发布为辅的原则

在检察案例指导工作中,指导性案例、典型案例、参考案例和区县基层检察院的优秀案例的发布是工作中重要的一环。一般情况下,检察工作中指导性案例、典型案例、参考案例、优秀案例回答和解决的是检察办案、检察司法活动中的检察法律适用问题,但这并不排除检察机关与其他司法机关特别是法院在司法实践中存在共同或相关联的法律适用问题,在行政检察工作中,检察机关与相关行政机关也存在某些相关联的执法问题。这就需要检察院联合相关司法机关乃至相关行政机关联合发布指导性案例、典型案例、参考案例或优秀案例,以解决法律规定不明确、相关司法解释规定不具体的共同的或相关联的法律适用问题。检察机关在检察案例指导工作中,要坚持以单独发布指导案例为主、联合发布指导案例为辅的原则,既要唱好单独发布指导案例中全方位的"独家戏",也要履行好联合发布指导案例中检察机关的应尽职责,唱好"重头戏"或"配角戏",将检察职责说明白、说清楚,将指导案例的指导意义、典型意义、参考意义、示范意义强调好、阐释好,将检察机关在相关检察司法中应注意的法律适用问题清晰地提炼出来,促进检察司法公正、高效、统一,充分发挥不同层级检察指导案例指导、规范办案的积极作用。

三、检察案例指导制度建设的策略

(一)体例的规范、统一与灵活创新

各级人民检察院都在编发指导案例,案例"体例"精细程度差别较大,体例表现大同小异,需要指出的是,编发检察指导案例既应该允许各级各地区检察院根据案例特征、编发案例目的在案例体例上搞些灵活创新,更要强调在案例体例上坚守基本的统一的要求。要下大功夫在"要旨"栏目、"检察履职"栏目、"指导意义"栏目(或者"典型意义"栏目、"参考意义"栏目、"示范意

义"栏目)上做文章,练好基本功,真正把类案、种案、个案的体例的类型化、个性化、个别化特征和根据编发案例的目的所作的体例创新,与编发检察指导案例的一般原理、基本操作要求结合起来,在多样化创新中提炼统一和基本规范,在规范和统一中允许搞适度的灵活创新,实现具体的编发,处理好一般和个别的关系,实现好统一与创新的要求。既要坚持原则,又要勇于探索和创新,保持检察指导案例编发工作应有的活力,促进检察指导案例编发工作不断地得到发展。

(二)基础案例的发现、培育、遴选和指导

案例的编写、发布、宣传与学习、培训、适用作为检察指导案例的基础案例,它存在于各级人民检察院的办案部门,上级检察院指导案例的基础案例还来自下级检察院上报的备选案例(即备选的基础案例)。基础案例要靠各级检察院办案部门在办案中发现、培育和遴选。办案人员在办案中,一旦发现当前案例存在法律适用(包括实体法适用和程序法适用)上的指导意义、典型意义、参考意义或示范意义,且相应法律规定不明确或相关司法解释不具体的,就要把它当作指导案例的基础案例、备选案例进行培育,在程序上要走好每一步骤的检察履职,在实体上要适用好相应的法律条文,对法律规定不明确或司法解释规定不具体的地方的理解、适用要做到于法相通、于理相融,法律适用上的创新、变通要合情合理,要符合我国的宪法精神和法律原则,待案件办结后,及时归纳总结办案的基本情况和闪光点,作为本级院的指导案例和上级检察院指导案例的基础案例、备选案例。上级检察院要科学制定指导案例选题计划,明确提出选题范围和遴选要求,在一定范围内公开遴选指导案例的概貌,便于下级检察院掌握基础案例备选的努力方向。上级检察院征集到基础案例后,要组织专门力量研究案例,按照遴选要求,从上报的基础案例中筛选出指导案例。一旦上报的基础案例被确定为指导案例后,上级检察院要组织人员对案例进行深加工,就基本案情、检察履职情况和法律适用的闪光点,与上报的下级检察院的承办检察官充分交流、沟通,反复切磋、斟酌,该调卷阅卷的要调卷阅卷,该座谈的要座谈,然后,按照指导案例的基本体例编写好指导案例,按一定的程序提交本院案例指导委员会或检委会讨论通过后发布。检察指导案例的发布要采取公开的形式,要让承办检察官参加发布中的答疑解说。检察指导案例的宣传要采取各种形式,要充分发挥各种媒体的作用,组织邀请专家、学者跟帖撰写通稿、撰写解释性文章进行深度宣传。检察指导案例的学习、培训要坚持及时和多角度的原则,除了将检察指导案例纳入业务培训内容进行及时的培训外,还要举办案例研讨座谈会、专家现场专题辅导讲座、检察官教检察官业务咨询答疑、检委会业务学习,促进检察指导案例更好地全面地深度地指导检察业务,促进法律得到统一、正确、公正的适用。

(三)多元多层级制案例指导制度

本书主张我国检察案例指导制度应该朝着多元多层级制案例指导制度这个方向去发展、完善。

它包括三类情形:

第一类是指按案例的不同指导意义划分的多元多层级制,即最高人民检察院案例指导委员会通过具有重要参考价值或者经检委会讨论通过具有"参照执行"指导意义的指导性案例的案例指导,最高人民检察院各业务厅制发的具有典型指导意义的典型案例的案例指导,省市级人民检察院案例指导委员会讨论通过并经检委会讨论通过的具有一定参考指导意义的参考案例的案例指导,省级检察院各业务处编发的具有典型指导意义的典型案例的案例指导,区县级检察院及其业务科编发的具有"示范价值"指导意义的优秀案例的案例指导。这是两元多层级制案例指导制度。

第二类是指按检察业务性质的不同划分的多元多层级制案例指导制度,即从最高人民检察院到区县级检察院按"四大检察""十大(检察)业务"所作的案例指导的划分,包括各级检察院的刑事检察案例指导、民事检察案例指导、行政检察案例指导、公益诉讼检察案例指导,这是四元多层级制案例指导制度。按"十大(检察)业务"的不同,各级检察院有普通犯罪刑事检察案例指导、严重犯罪刑事检察案例指导、职务犯罪刑事检察案例指导、经济犯罪刑事检察案例指导、刑事执行检察案例指导、民事检察案例指导、行政检察案例指导、公益诉讼检察案例指导、未成年检察案例指导和控告、申诉检察案例指导,现在又增加了知识产权检察案例指导,将来随着检察业务的进一步细化或拓展,还会增加诸如证券检察案例指导、网络金融犯罪检察案例指导、海洋检察案例指导等,这是多元多层级制案例指导制度。

第三类是指按法律适用问题类别、种类或具体情况的不同划分的多元多层级制案例指导制度。以最高人民检察院指导性案例来说,按法律适用问题的不同,首先区分为实体法律适用问题指导性案例和程序法律适用问题指导性案例;实体法律适用问题指导性案例又可区分为刑法适用问题指导性案例、民法适用问题指导性案例和行政法律适用问题指导性案例;就刑法适用问题的指导性案例来说,按照法律适用问题的不同,又可区分为两元多层级制指导性案例,两元是指刑法总则适用问题指导性案例和分则适用问题指导性案例,而总则适用问题的指导性案例又可分为犯罪论法律适用问题指导性案例、刑事责任论法律适用问题指导性案例和刑罚论法律适用问题指导性案例,分则适用问题的指导性案例又按照犯罪侵犯客体的不同区分为各类犯罪法律适用问题的指导性案例,这是两(多)元多层级制案例指导制度;如此一层一层、一级一级地深入下去进行细致的区分,便形成多元多层级制案例指导制度;而每级检察院都这样做,便形成各层级检察院的多元多层级制案例指导制度。

（四）检察案例指导理论研究

检察案例指导理论研究是推动检察案例指导制度标准化建设的理论支撑和组织保障。立足于当前我国检察案例指导制度规范化建设阶段的具体实际问题,下先手棋,早做准备,组织专门力量对我国检察案例指导建设理论特别是应用理论进行深入细致的研究,除了对本节前述具体问题进行必要的深入研究外,当前阶段特别要注意对以下三个问题的研究:

第一,要加强对指导性案例效力机制不健全、不规范问题的研究。一般来说,大家公认的检察指导案例主要是指最高人民检察院制发的指导性案例,检察指导案例的效力问题指的主要也是最高人民检察院制发的指导性案例的效力,因其他各级检察院制发的指导案例（包括参考案例、典型案例和优秀案例）,其效力都只在本行政区域内具有参考价值和指导意义。最高人民检察院各业务厅制发的典型案例的效力是具有典型的指导意义和重要的参考效力。在我国,根据《最高人民检察院关于案例指导工作的规定》,最高人民检察院制发的所有指导性案例都是在经过最高人民检察院案例指导委员会讨论通过后提交最高人民检察院检委会讨论通过,这实际上已经与最高人民检察院制发的相关法律适用问题的司法解释文件和个别请示答复案例一样,具有司法解释属性,其效力已不再是"参照执行"了,而是适用法律的直接依据了,而这与检察指导性案例是相关法律适用问题司法解释"辅助手段"本质定位是不相符的,可见其效力机制是不健全、不规范的。正确的效力机制应该是所有的指导性案例都只需经最高人民检察院案例指导委员会讨论通过后即可发布,交由全国检察机关"参照执行",只有其中极少数经检察实践反复适用证明是正确的、法律适用条件非常成熟的,才报经最高人民检察院检委会讨论通过后,成为相关法律适用问题的司法解释型指导性案例,其中所蕴含的法律适用规则与个别请示答复案例一样具有法律效力,可以成为相关法律适用问题的直接依据。

第二,要认真研究检察指导案例指导检察实践的具体途径及如何保证其实现指导作用。我们既要认真研究最高人民检察院制发的指导性案例如何有效指导实践,保证其效力得到及时的实现,也要思考如何推动最高人民检察院各业务厅制发的典型案例、省市级检察院编发的参考案例、典型案例指导检察实践,同时还不能忽视区县检察院编发的优秀案例的示范效应,从而促进法律得到统一、正确、公正的实施,促进检察司法"三个"效果得到很好的实现。

第三,要积极开展研究如何推动指导案例指导检察司法实践不断升级、不断走深走实。检察实践无止境,检察指导案例指导实践的要求也在不断变化发展,这就要求检察机关要不断适应新情况,直面新问题,着眼新发展,及时地调整指导案例选编、编发的视角和素材,不断提升指导案例编辑水平,保证检察指导案例在各自层级范围内指导检察实践不断走深走实,不断升级发展。

(五)检察指导案例库建设

检察指导案例库是人民检察院为充分发挥指导性案例、典型案例、参考案例、优秀案例对检察官办案的参照、指导、参考、示范作用,提高办案质量,促进法律统一、正确适用,推动检察工作高质量发展,而制作的用于查询、分析和研究案例的检察业务智能辅助数据资源库。它包括最高人民检察院总库和地方各级人民检察院的分库,总库、分库又可以按照一定的标准设置若干子库。

检察指导案例库建设要秉持"全""通""细""准"四字原则。所谓"全",是指入库案例的内容要全面,要包括"四大检察""十大检察业务",要涉及三大实体法、三大程序法,要包含各法律部门中的各类各种法律适用问题,同时还指指导案例库建设的面要覆盖到基层区县检察院,覆盖到所有检察院。所谓"通",是指检察指导案例库中的指导案例的指导机制要畅通无阻,要避免重复、雷同、过时和适用上的矛盾、冲突,对上级检察院案例库中在编在册的案例,下级检察院案例库不要重复编排;已经就某类某种某个法律适用问题出台了相应的司法解释,或者已经作了立法修改的,要及时将相关指导案例清理出库;同级检察院就相同法律适用问题而编发的观点不同、做法不同的指导案例,由共同的上级检察院的案例指导委员会讨论决定应当适用的规则,下级检察院有不同意见的,可以向再上一级检察院申请复议一次,再上一级检察院案例指导委员会应及时启动复议并答复申请复议的下级检察院,有不同意见的,要求下一级检察院作出修改后,责成首先编发的检察院入库;同级检察院、不同级检察院就相同法律适用问题而编发的观点相同、做法相似的指导案例,由首先编发的检察院编发入库;不同级别检察院就同一法律适用问题编发的观点不同、做法不同的指导案例,由最高人民检察院案例指导委员会受理、讨论后作出应当适用的法律规则,并指定省级检察院分库将该案例予以吸收,或者吸收到最高人民检察院总库中的相关子库中。通过这些工作,把案例清理、修改工作做勤做实,为指导办案统一、正确执法提供可靠的制度保障。所谓"细",是指对指导案例库中的指导案例对法律适用问题的不同性质、同一性质的不同种类、同一种类的不同指导意义,要进行精细的归类、编纂,保证适应办案适用法律的各种具体的需要,便于检索、应用、学习和研究。所谓"准",是指入库指导案例所提出的法律适用问题要点、指导规则要精练、准确,对办案有直接的参照执行价值,或具有间接但又是重要的指导、参考、示范意义,能有效促进法律的统一和正确适用。

检察机关案例指导制度标准化建设经过规范化建设阶段一定的积累,其中期目标应该是建立一种辅助性案例制度,即在法律、相关司法解释之外,形成一种辅助法律、相关司法解释的适用法律的规则体系。这里要注意两个小问题:

第一,当指导案例库中的某一个、某一类案例中的法律适用意见、规则被相关司法解释吸收,或体现为相关立法解释或法律规定,则该案例、该类案例就应从指导案例库中清理出去。就现实的整个指导案例库而言,它始终是辅助法律、相关司法解释对司法办案起着指导性参考作用的适用法律规则体系,它本身不可能是法律渊源,在采取正确的效力机制后,前文所说的司法解释型指导性案例(即在现行效力机制下,由最高人民检察院检察委员会讨论通过的指导性案例),虽然对司法办案发挥着"参照执行"、起着"事实上的拘束力"的指导作用,但它只经过最高人民检察院案例指导委员会讨论通过后发布、应用,也只是一种指导性的法律适用规则,不可能取代相关法律解释或法律规定。

第二,最高人民检察院对地方检察院就法律适用问题请示的个案的答复意见,是相关司法解释意义上的案例,它本身是属于法律的渊源,但它不是案例法,也不是案例指导制度中的指导案例,它是司法解释的一种具体表现、一种途径。对相关司法解释或法律规定发挥辅助作用的检察指导案例中的法律适用规则,对司法办案、监督司法产生指导作用,分别表现为"参照执行""典型指导""参考执行""示范、引领",具体表现在检察司法文书说理和以案释法活动中,对法律适用依据的说理中,直接参照或参考某个、某类检察指导案例或受其积极影响,而进行法律适用逻辑推理得出结论。辅助性案例制度建立起来保持良性运转以后,自然就会促成检察官办案精品意识的养成,指引他们掌握在办案中应如何把握好事实关和证据关,如何公正、高效、正确履职,如何科学适用法律,形成精品案例、标准案例,实现检察官办案精品化、制度化、标准化,从而不断提高办案水准,而这便是检察案例指导制度标准化建设的远期目标。这一目标实现后,法律、相关司法解释决定着检察指导案例的存在和发展,而检察指导案例的生成和指导、示范、引领又辅助着法律、司法解释公正、正确的适用,推动法治不断完善,促进国家治理体系、治理能力现代化。

结束语

随着国际交往的频繁,大量新兴产业、商品和服务涌入国内,在丰富商品种类、投资途径和融资手段的同时,相应的纠纷也大量地产生。因此,国内的仲裁机构应当积极适应这种潮流,提高自身专业水平,与国际仲裁真正的接轨。

完善我国商事仲裁制度与促进仲裁机构的策略如下:

(一)设立多元化的商事仲裁机构

当前,我国商事仲裁机构大部分为官方和常设的,半官方、临时的仲裁机构少之又少。官方的常设商事仲裁机构在程序上过于刻板,灵活性不够,并且经常受到来自行政部门和行政官员的干预,仲裁裁决不公的现象时有发生。再者,商事仲裁机构的设立大多以行政区划为基础,对于经济发达地区和欠发达地区来说存在着仲裁周期过长和无法选择商事仲裁机构的问题。所以建立健全多元化的商事仲裁机构势在必行。

在建立非官方商事仲裁机构方面,应当充分发挥行业协会的作用。在行业协会内部建立商事仲裁机构,集合行内专家组成仲裁员队伍,让本行业内的商事纠纷尽量通过这一机构解决的优势在于可以更快和更准确地把握此类商事纠纷的事实,尽早作出裁决,保护商事主体的利益,节约法院诉讼资源,缓解社会压力,维护社会稳定,以便更好地构建和谐社会。

在建立临时性商事仲裁机构方面,可以充分利用地区商会的特点,将部分临时性商事仲裁机构设立于商会之中。这是因为,自清朝产生商会以来,商会一直定位于"仲裁的地位",以平息纷争。但是,中国传统意义上的商会解纷功能主要仍处于调解的层面。我们可以通过政府审批、设立等方式在各个商会内部成立仲裁程序严谨、仲裁人员专业的仲裁机构,将调解和仲裁严密地结合在一起,采用先调后裁、边调边裁、调裁相济的方针,致力于解决商会内部的商事纠纷。在商会内设立临时性商事仲裁机构的优势在于,商会成员内部具有同样的地域、文化、商业习惯等背景,处理纠纷时无须再行考虑交易习惯的差异,因此解决纠纷时更能体现出仲裁本身高效的特点。

(二)积极借鉴国外先进的仲裁制度

加入世界贸易组织之后,我国的国际经济贸易交流骤然增多,新型的矛盾也需要借助新式的解决思路和体制来完成。在这一点上,我们首先要结合国外的经济社会情况积极学习国外商事仲裁制度的成因、历史发展和现状,之后与我国的国情、我国国际贸易的实际情况等方面融合,建立与国际贸易水平相适应的能够解决国际贸易经济纠纷的境外商事仲裁机构和仲裁程序。目前,由于各种原因,我国与各国经济贸易摩擦不断,这一方面是因为国外对我国经济的遏制,另一方面也是因为我国对国际贸易规则的把握深度有限。我们对国际商事仲裁制度的建立和完善有助于解决此类纠纷,消除此类不和谐因素,维护国家利益。

(三)完善仲裁的专业化队伍和服务

仲裁制度要想专业化,首先仲裁队伍要专业化,仲裁服务也要专业化。因此,仲裁员队伍的专业化在完善仲裁队伍任务中起到了非常重要的作用,产生矛盾的双方有时候选择仲裁,并不是因为它的法律效力,其实更多的是出于对仲裁员的信任。所以我们要选择优秀专业的仲裁员来加入这个队伍。只有高素质的仲裁员队伍,才能保证仲裁高质量地完成,才能保证仲裁制度合理有效的实施。仲裁机构应该完善其自身的制度建设,培养能力、知识、业绩都很优秀的人员来担任仲裁员,同时应该对仲裁员的职业道德、行为规范等作出具体的规定和要求。

仲裁作为市场经济发展的一个必不可少的机制,仲裁机构应当建立科学、合理的仲裁服务制度,为客户提供满意的服务,同时还应该提供内在的和外在的素质及形象,确保仲裁机构的公信力。只有这样才能更好地为我国经济的发展作出贡献,同时也为构建社会主义和谐社会贡献力量。

参考文献

[1] 金鑫.国际商事仲裁自治性强化背景下的弱势方保护——法国的经验及启示[J].时代法学,2022,20(01):106-116.

[2] 王威.CAFTA国际海商事仲裁中心构建的法律问题[J].社会科学家,2022(01):152-160.

[3] 颜井辰,邹凯.国际商事仲裁中强行法的认定及适用探讨[J].法制博览,2022(08):66-68.

[4] 罗依凯.国际商事仲裁第三方资助的披露范围研究[J].财务管理研究,2022(05):112-116.

[5] 庄可.国际商事仲裁复裁制度的法理基础与实践逻辑[J].商事仲裁与调解,2022(01):106-125.

[6] 王一栋.国际商事仲裁实体法适用的理论误区与归正[J].海峡法学,2022,24(02):105-111.

[7] 许偲.我国国际商事仲裁临时措施制度的改进路径[J].海峡法学,2022,24(02):112-120.

[8] 聂羽欣.国际商事仲裁协议准据法的确定——英国法和中国法比较考察[J].商事仲裁与调解,2022(03):60-77.

[9] 张镭.国际商事仲裁裁决既判力制度[J].仲裁研究,2021(01):25-35.

[10] 辛柏春.国际商事仲裁保密性问题探析[J].当代法学,2016,30

(02):119-125.

[11] 马占军.我国商事仲裁员任职资格制度的修改与完善[J].河北法学,2015,33(07):117-126.

[12] 梁庭瑜.国际商事仲裁快速程序之比较研究[J].商事仲裁与调解,2021(04):17-30.

[13] 侯霞,郭成.国际商事仲裁第三方资助制度的发展及应对策略[J].商事仲裁与调解,2021(05):148-160.

[14] 陈健,李贤.商事仲裁电子证据的开示和认证[J].商事仲裁与调解,2020(04):45-59.

[15] 袁杜娟.上海自贸区仲裁纠纷解决机制的探索与创新[J].法学,2014(9):28-34.

[16] 陈兴良.我国案例指导制度功能之考察[J].法商研究,2012,29(2):13-19.

[17] 龙宗智,孙海龙.加强和改善审判监督管理[J].现代法学,2019,41(02):35-53.

[18] 梁景瑜.案例指导制度的诞生[J].政治与法律评论,2016(1):274-299.

[19] 谢晖.论法律价值与制度修辞[J].河南大学学报(社会科学版),2017,57(1):1-27.

[20] 黄亚英.论国际商事仲裁中实质事项的法律适用及其新发展[J].政治与法律,1999(3):39-41.

[21] 黄亚英.解释和适用《纽约公约》的国际标准[J].法学杂志,2010,31(10):6-11.

[22] 韩平.论仲裁员的民事责任[J].武汉大学学报(哲学社会科学版),2011,64(03):29-35.

[23] 罗国强.枉法仲裁罪思辨——仲裁性质两分法与比较法下的考量[J].中国刑事法杂志,2009(01):63-72.

[24] 杨玲.论仲裁的程序管理[J].南通大学学报(社会科学版),2012,28(3):56-62.

[25] 赵秀文.论《纽约公约》裁决在我国的承认与执行——兼论我国涉外仲裁立法的修改与完善[J].江西社会科学,2010(2):155-163.

[26] 杨艳芬.仲裁员聘任与选定过程中的若干问题探析[J].天水行政学

院学报,2011,12(03):92-96.

[27] 赵秀文.中国仲裁市场对外开放研究[J].政法论坛,2009,27(06):69-78.

[28] 刘晓红,王徽.论中国引入境外商事仲裁机构的法律障碍与突破进路——基于中国自贸区多元化争议解决机制构建的几点思考[J].苏州大学学报(法学版),2016,3(3):10-17.

[29] 萨伊.政治经济学概论[M].陈福生,陈振骅,译.北京:商务印书馆,1997.

[30] 亚当·斯密.国富论[M].唐日松,等,译.北京:华夏出版社,2005.

[31] 陈福勇.未竟的转型:中国仲裁机构现状与发展趋势实证研究[M].北京:法律出版社,2010.

[32] 邓杰.伦敦海事仲裁制度研究[M].北京:法律出版社,2002.

[33] 黄亚英.国际商事仲裁实务研究与操作推演[M].北京:法律出版社,2007.

[34] 史飚.商事仲裁监督与制约机制研究[M].北京:知识产权出版社,2011.

[35] 赵秀文.国际商事仲裁及其适用法律研究[M].北京:北京大学出版社,2002.

[36] 韩建.现代国际商事仲裁法的理论与实践[M].北京:法律出版社,1993.

[37] 赵健.国际商事仲裁的司法监督[M].北京:法律出版社,2000.

[38] 韩德培.国际私法[M].北京:高等教育出版社,2007.

[39] 乔欣.仲裁法学[M].第二版.北京:清华大学出版社,2015.

[40] 杨良宜,莫世杰,杨大明.仲裁法:从1996年英国仲裁法到国际商务仲裁[M].北京:法律出版社,2006.

[41] 乔欣.仲裁权论[M].北京:法律出版社,2009.

[42] 谢新胜.国际商事仲裁程序法的适用[M].北京:中国检察出版社,2009.

[43] 施米托夫.国际贸易法文选[M].赵秀文,译.北京:中国大百科全书出版社,1993.

[44] 张烨.论防止仲裁的诉讼化[D].北京:对外经济贸易大学,2007.

[45] 宋朝武.中国仲裁制度:问题与对策[M].北京:经济日报出版

社,2002.

［46］蔡虹,刘加良,邓晓静.仲裁法学[M].第二版.北京:北京大学出版社,2011.